追求

王铭轩的故事

曾宏根　张麒祥 ◎ 著

中国旅游出版社

策划编辑：段向民
责任编辑：张芸艳
责任印制：孙颖慧
封面设计：武爱听

图书在版编目（CIP）数据

追求：王铭轩的故事 / 曾宏根，张麒祥著. -- 北
京：中国旅游出版社，2021.9（2024.4重印）
ISBN 978-7-5032-6746-8

Ⅰ. ①追… Ⅱ. ①曾… ②张… Ⅲ. ①王铭轩—传记
Ⅳ. ①K825.38

中国版本图书馆CIP数据核字(2021)第141231号

书　　名：追求：王铭轩的故事

作　　者：曾宏根　张麒祥
出版发行：中国旅游出版社
　　　　　（北京静安东里6号　邮编：100028）
　　　　　http://www.cttp.net.cn　E-mail:cttp@mct.gov.cn
　　　　　营销中心电话：010-57377103，010-57377106
　　　　　读者服务部电话：010-57377107
排　　版：北京旅教文化传播有限公司
经　　销：全国各地新华书店
印　　刷：三河市灵山芝兰印刷有限公司
版　　次：2021年9月第1版　2024年4月第2次印刷
开　　本：720毫米×970毫米　1/16
印　　张：12.5
字　　数：108千
定　　价：49.80元
ISBN　978-7-5032-6746-8

王铭轩

2010 年陕西省蓝田县举办王铭轩先生事迹座谈会

吴永平（中），蓝田县政协主席。李涛（右），华圣集团副董事长。侯文绳（左），蓝田县档案局局长。

宋英（中），王铭轩儿媳。刘万仓（右），王铭轩生前好友，北京西安食堂老员工。王梦（左），王铭轩孙女，王国镇女儿。

左排：杨兆年（左一），蓝田县驻京办主任；曹宏根（左二），蓝田县档案局原副局长，《蓝田县组织史》主编；侯文绳（左三）；吴永平（右三）；李涛（右二）；卞寿堂（右一），蓝田县档案局原局长，《蓝田县志》主编。

右排：王敬忠（左一），王铭轩侄子；刘万仓（左二）；宋英（中）；王梦（右二）；王国燕（右一），王铭轩女儿。

前排：杨兆年（右一），王敬忠（右二），刘万仓（中），卞寿堂（左二），曹宏根（左一）。

后排：王梦（右一），宋英（右二），李涛（右三），侯文绳（左一），王国燕（左二），吴永平（左三）。

序 1

《追求：王铭轩的故事》一书，记述的是陕西著名民族企业家王铭轩跌宕起伏的一生。

王铭轩，陕西省蓝田县人，解放前历尽艰辛，生意有成，经营钱庄、药房等商号，最初想通过做社会慈善和振兴实业救国救民，自1936年与我党西北地区的领导汪锋同志相识以后，明确了人生目标，走上了革命道路。

在此后的抗日战争和解放战争中，他冒着生命危险，多次将大量的军用物资、药品、粮食和金钱运送到陕北根据地；解放初，将自己的制药厂、面粉厂、石棉建材厂和一所医院无偿捐献给国家；抗美援朝时又将自己最后一笔财产200两黄金捐献给中国人民志愿军。他以一个民族实业家的身份实践了一个共产主义者的坚定信仰。

这本书，是王铭轩在老一辈革命家指引下一生追随共产党的真实写照。这本书，也应该作为我党统战工作的一个成功范例，记入中国共产党的煌煌史册之中。

因此，在中国共产党建党百年之际，这本书的出版，是一件值得庆贺的事情，对于我这个年逾九秩的历史见证者来说，也是一种极大的安慰。特此撰文，是为序。

张志功

2021 年 7 月于北京

序 2

我曾在蓝田县任县委书记六年，对坊上有关王铭轩先生心系大众、情怀民生、支持革命事业、热爱社会公益、慈善济困、捐资助学的故事略有耳闻。

眼下，我当年的老同事县政府驻京办主任杨兆年先生给我送来即将正式出版的《追求：王铭轩的故事》的书稿，我一口气读完了这部叙述王铭轩老先生一生支持革命、心系家乡、帮助穷困、追求公平正义等感人故事的著作。

1929 年，关中大旱，庄稼颗粒无收，人们挖草根、啃树皮，生活凄惨。王铭轩赶到河南，由郑州购得 30 万斤粮食，运回家乡，救活了大批穷苦人。后又在镇上设立了储备粮库，存放粮食 40 石，专门借给每年青黄不接时没粮吃的百姓，不收租息，当年粮食收下了就还上，还不上的就不要了。他还出资修建巩村完小、前卫小学，修复白鹿原通往西安的八里坡道路。1936 年，结识共产党西北地区领导汪锋后，多次冒着生命危险，为陕北根据地购买药品军需，兑换边币，运送物资。解放初期，将自己的制药厂、面粉厂、石棉建材厂和一所医院无偿捐给国家。抗美援朝期间，又将自己积蓄的 200 两黄金捐献国家，支援前线。这些事迹无不让我肃然起敬。

王铭轩老先生出身农家，他卓越的商业才华和勤奋打拼的顽强精神，在当年的陕西工商企业界备受瞩目，他拥护中国共产党、爱国爱民支持革命和祖国建设的事迹让人感动。今天，在党中央的英明领导下，我们的国家完成了人类里程碑式的全面扶贫，迈向建设社会主义现代化强国第二个百年目标，并提出扎实推进共同富裕的新使命。时代迈向共同富裕，社会呼唤三次分配，奋进在盛世时代的共产党人、卓越的企业家、年轻的新一代将如何融入这一伟大潮流，百年前一位朴素的民间商人王铭轩先生为我们做出了榜样。我们更应该坚信党的领导，坚信社会主义道路，不忘初心，牢记使命。学习和弘扬王铭轩老先生的事迹和精神，自觉为国为民奉献，谱写新的时代华章。

我认为，出版这本书具有非常强的历史意义和现实意义，值得褒扬。

西安市原副市长、西安市慈善会会长朱智生

2021 年 7 月 25 日

序 3

　　王铭轩先生是蓝田县白鹿原上前卫镇人，一生波澜壮阔、跌宕起伏，是近代蓝田县著名乡贤代表人物之一。

　　王铭轩先生是陕西著名民族企业家，经商才能卓越，是蓝田人聪明、忠义、善于经营的代表，康桥镇学艺、天聚协讨债、成都城买油……一个个传奇的故事，无不展示出王铭轩先生的仁义、智慧和卓越的经商才能。

　　王铭轩先生的一生是为民、为社会奋斗的一生，始终把为民众服务、为社会服务作为自己的人生信条，在商海里打拼，不忘服务百姓，利用自己的经商活动为西安百姓解了燃眉之急，解决了家乡之急，历来为关中地区，特别是蓝田白鹿原人民称颂、赞扬和铭记。

　　王铭轩先生情系革命，展现了他追求进步、向往光明的品行，西安识汪锋筹粮送药，200两黄金支援抗美援朝彰显拳拳报国之心，为民族、为国家他不计个人得失，哪怕倾家荡产也要支持正义事业。

　　王铭轩先生是蓝田近代乡贤的一位杰出代表和里程碑式人物，其品行事迹是近代蓝田县乡贤文化浓墨重彩的一笔，对于新时代弘扬乡贤文化、加强乡村治理提供了不可多得的范本。在全面建设社会主义现代化强国的历史时期，王铭轩先生为公、为民、为国追求进步的一生给我们以启示。

　　《追求：王铭轩的故事》一书文字凝练、叙述传神，人物形象跃然纸上，为我们提供了一部蓝田乡贤文化学习、研究和宣传的范本。

蓝田县政协主席吴永平

2021 年 7 月 5 日

项怀诚为王铭轩与马纯慧书写的碑文

　　盖闻志士必忧国运，仁人心怀民生，由是观之王铭轩先生与马纯慧女士乃仁人志士者也。王铭轩先生名德新，蓝田县前卫镇人，生于 1901 年农历三月十三，幼家贫，13 岁初学生意，先后在临潼、西安商铺当学徒、店员，27 岁自做生意，勤劳、颖悟、诚信，生意日渐兴隆，德配张氏早逝，生有二女。

　　马纯慧，西安甜水井街人，生于 1923 年农历四月初六，少时就读于西安第一实验小学、玫瑰女子中学，淑娴仁爱、有志节。

　　1942 年，王铭轩与马纯慧结合，协力践行实业救国思想，先后创办西安德泰祥银号、泰华印刷厂、大千贸易公司、大千制药厂、合和面粉厂、华兴面粉厂等，参加世界红十字会、中华民主建国工商联合会，生四男一女。

王铭轩致富后，简朴谦慎，心忧国运，情怀民主，支持革命事业，热心社会公益，扶贫救困，尤有育才兴邦之卓识。与马纯慧结合后，同声同气、相得益彰，先后捐资献物建前卫小学及巩村完小，礼堂倒塌，先生捐赠县中学桌凳200套，修复八里坡道路，购粮救济贫苦村民等，诸事《蓝田县志》记载详备。多次为中共地下组织资助经费，赠送粮食、药品，掩护地下党员，营救被难者，建国后履行民建与工商联宗旨，与中国共产党同舟共济，肝胆相照，荣辱与共，开办救国医院，支持抗美援朝，又将医院资产全部捐赠，还将华兴面粉厂和西北石棉建筑材料公司所有资产及本人积蓄黄金二百两，悉数捐助西北军政委员会。同时积极支援国家建设，1950年白鹿原天旱，购粮百石解救饥馑。

1952年，经汪锋和西北局领导介绍于北京新街口创办西安食堂，后改名西安饭庄，主营陕西名吃牛羊肉泡馍。多位党和国家领导人曾莅临指导。

1977年农历五月初七病逝，临终仍嘱夫人关心帮助家乡建设。马纯慧女士牢记先生遗嘱。1980年为北京西城区幼儿园捐赠洗衣机等教育设施，同年当选西城区政协委员。1985年蓝田集资办学，专为前卫小学捐资，1987年又捐1万元，县、乡政府均赠牌匾，以彰其行，县教育局聘任其为前卫小学名誉校长。2002年，又捐资10万元，建前卫老年活动中心。还多次为西安、北京等地希望工程捐资，资助8个贫寒学生，2007年农历五月二十病逝。

夫生死人各遇之，而意又相殊，王铭轩先生、马纯慧女士生为强国富民、育才兴邦而奔走，死犹念念不忘，情不忍之，可谓生而为英、死而为灵，真世这楷模矣！

苏州项怀诚敬书

陕西省西安市原副市长朱智生（左）、财政部原部长项怀诚（右）为王铭轩先生揭碑。项怀诚题写碑文。

目　录

追求

王铭轩的故事

第一章

康桥镇学艺　商海初游

天昏暗，黄沙无垠。在通往三原城的路上，一个人孤独地走着，他就是王铭轩。他不时地抬头向远方望去，大片大片的黑云在天边涌起，不多时就压住了远处的山顶。黑云在翻滚，像浓浓的烟，一团一团吞噬着蓝天，云越聚越多、越聚越厚，连绵起伏，如狂涛、如巨浪。

起风了，黄沙卷起，风与沙形成一个个小型的螺旋柱，在大地上狂野地奔跑着、呼啸着。

王铭轩不知走了多久，转过一个土坡，三原城具有标志性的崇文塔已展现在眼前。

三原城里是另外一番景象。这一天正好是初八赶集日，街面上人声鼎沸、人头攒动。他给山西会馆送帖子回来，赶着回驻地，无心逛市观景。人太多了，他只能顺着人流向前走。只见周围人群衣着明显不同于蓝田临潼，不仅服饰款式新颖入时，妇女衣领、袖口的绣花也十分精致，带有明显江南女装的特点，头上饰花、银簪、耳环等金银首饰都十分精美，一看就是有钱人家的小姐或少奶奶。

街两旁是十分整齐的铺板门房，青堂瓦舍的屋檐下各色砖雕装点着两侧的门墙，门墙下是四棱或八棱青石雕成的形态各异的拴马桩。王铭轩被人流推动着继续向前，来到三秦著名的三原城隍庙。

王铭轩顺着人流来到庙外的一片空地，一个八九岁的小姑娘跪在地上哭泣，小姑娘身边一张破席子躺着一个六旬开外奄奄一息的老头。小女该哭诉说："俺家河南，遇灾荒又遭土匪，爹娘都死了，俺和爷爷逃荒来到此地，爷爷一病不起、性命难保，求各位大爷、大婶、大哥、大姐给点铜钱，让俺给爷爷治病……"小姑娘说得声泪俱下、磕头不止。王铭轩听得心头一软，想起自己也因家境贫寒远离爹娘，来临潼熬相公（当学徒）。同是天涯沦落人，顿生怜悯之心，他不假思索地将怀中全部的500枚铜钱一股脑地倒进了小姑娘的破罐子里。周围的人很惊讶，见一年轻后生倾囊相救，也都纷纷你三枚我五枚投进破罐。待小姑娘再去找这位投钱小哥时，早已不见其踪影。

王铭轩从闹市挤出来，快步向驻地赶。一路上那个小姑娘凄苦的脸一直在他眼前晃动，他忽然想起私塾范先生教他的杜甫的诗："朱门酒肉臭，路有冻死骨。"他一个来自白鹿原黄土地贫苦的孩子，一个在康桥镇的小学徒，今天城隍庙一事已使他对社会、对是非曲直有了一个新的认识。一个念头在他幼小的心灵里开始萌芽："以后有钱了一定帮助那些穷苦人！"他狠劲握了握拳头，昂起头健步向前走去。

天越来越暗，乌云四合，像一个盖子把三原城盖住，大地转瞬间黑下来。前方好像有灯光。风在树梢上吹着口哨，远处传来一阵阵沉闷的雷声。

八百里秦川，绿海飘翠，平畴千里，其东南边沿有一座海内外闻名的黄土台塬，名叫白鹿原。白鹿原大部分属蓝田县管辖，距陕西省会西安市约 10 公里，位于秦岭终南山下，雄峙于灞河与浐河二水之间，平均海拔 600 米，东西长约 25 公里。白鹿原地势雄伟，东接青泥岭，直通历史上有名的秦楚古道——蓝关古道，控吴楚之咽喉；西连军事要地灞上，居高临下，虎视关中，有三秦屏障、吴楚咽喉之美誉。整个白鹿原塬面平坦，一马平川，北部高峻，南端逶迤秀美，台塬边沿如犬牙交错，沟壑纵横，四周梯田连绵、林木茂密。

1901 年，王铭轩就出生在这片叫白鹿原的土地上，9 岁开始进私塾，他聪明伶俐，学习上进，勤于思考，每每获得先生好评。3 年后，他的学业成绩在众多学生中脱颖而出。

然而天有不测风云，人有旦夕祸福。这一年他的祖父病故，一笔不小的丧葬费使原本就一贫如洗的家庭雪上加霜，小小王铭轩只能中途辍学。

1911 年 10 月 10 日，中国发生了一件惊天动地的大事。武昌起义打响了推翻清政府的第一枪，吹响了埋葬中国两千年封建君主专制的号角。然而推翻帝制的辛亥革命，只是赶走了一个皇帝，中国进入一个半殖民地半封建社会，大清国龙旗换成五色旗，而后接踵而来的是连年军阀混战、民生凋敝。白鹿原同全国一样，老百姓的日子越过越艰难。

1914 年为了生计，其父王登元决定让 13 岁的王铭轩出外熬相公，王铭轩从此开启了别样的人生。

这一天一大早，王登元带着王铭轩来到西安，找到他的乡党（老乡）李芹溪。李芹溪是前清大厨，现在是曲江春饭馆的老板，见识多、人脉广。他对王登元说："兄弟，我有一个山西朋友，叫孔鑫泰，在临潼康桥镇经商，人很厚道。我写信给他，你先把侄儿送到他那里，让娃先在那里干几年。这个孔掌柜是山西平遥人，开着 6 间门面的杂货铺，是我多年至交，生意做得很大，在临潼有些名气。"

王登元听说要把儿子送到临潼熬相公，不由得迟疑了一下，说："我本想让孩子在西安落脚"。

李芹溪解释道："兄弟，我看侄儿还是先学杂货生意为好。临潼是码头之地，孔掌柜又很会做生意，人缘也好，我想让侄儿先跟他学几年，看看经商的门道。等侄儿翅膀硬了、经验多了，再独立干，哥不会哄骗你的。"

听了李芹溪的解释，王登元说："既然李哥说好，兄弟一切都听哥的，今天我和娃就到临潼找孔掌柜"。

李芹溪一切都已安排妥当，把写好的信交给王登元，接着说道："今天凑巧有一辆去临潼康桥的马车，你在东关骡马店找吆马车的郑师傅。你就说你是曲江春李芹溪的兄弟，去临潼"。

到了东关骡马店，王登元父子找到了车夫郑师傅。听完王登元父子说明来意后，郑师傅不假思索地说："上车。老哥和娃躺在车上的草垫子上，一路逢拐弯抓住绳索。走了！"

马车沿着西安东去的官道逶迤而行，出东关走20里路进入灞桥镇，道路两旁的柳树已泛出新绿，摇曳的垂柳随风飘动起修长的柔丝。远眺前方天似穹庐，天边地平线黛色的白鹿原莽莽苍苍，横峙东南，褐色的田野上正泛出几处桃李红霞、几处嫩黄新绿。

马蹄嘚嘚，荡起官道上阵阵尘土，马车在车夫郑师傅的响鞭中，飞快向前奔驰，从临潼雨金的浮桥上渡过渭河，傍晚时分，才到达目的地康桥镇。

这个小镇位于临潼东北方向，石川河畔，暮霭中已是万家灯火。王登元父子无暇欣赏华灯初上的小镇夜景，急匆匆拿着李芹溪的书信沿街寻找景泰德商号。镇旁的一位老住户告诉他们，镇中间的6间门面的商号就是景泰德，掌柜的外号叫"孔弥勒"，一问便知。王登元父子向镇中心走去，远远望见一座6间门面房的商号依然灯火辉煌，3盏明亮的汽灯悬挂在屋檐下，说明商号尚未打烊。王登元同儿子一起来到商号门前，只见蓝底金边牌匾上写着"景泰德"字样，一个曲尺柜台有两丈多长，将里外隔开。王登元忙上前抱拳问话，柜台后两位店员问明来意后，向他努嘴儿示意账房中的二掌柜。王登元走上前，取出李芹溪的书信。二掌柜听说有曲江春李芹溪的来信，不敢怠慢，连忙笑嘻嘻迎上前来，将二人引到商号后厅上房之中。

王家父子进入后堂，只见掌柜一家人正在用餐，圆桌对门正中主位上，坐着一位年约五旬的矮胖汉子，他看见来了客人，两眼笑得眯成一条线。二掌柜将书信交给孔掌柜，孔掌柜拆开后，只见信上写着：

> 孔老弟：我义弟王登元有一子，想学生意，他是我多年至交，让娃在你处熬相公。来西安到哥这里，哥想你。

李芹溪

民国二年春

孔掌柜看完信，沉思片刻，然后笑着对王登元说："我这里本不需要人了，但既然是李哥至交，就让娃留下。不过咱们将丑话说到前边，要按商行规矩办，给娃管吃管住，每年另给两吊铜钱作为工钱，只是娃到这里不比在你家中，需要吃苦受罪。你若同意就让娃留下，若不同意，或有什么要求，只管说。"

王登元说："孔掌柜，我还能有什么要求，你愿收留娃，我感激不尽，请掌柜将铭轩权当自己的孩子看待，该打就打，该骂就骂，千万别客气。"

孔鑫泰等王登元说完话，笑道："既然同意留下，我今天就收铭轩作为景泰德的新学徒，按照行规，以后店里称铭轩为'王相'，还有二柜刘平顺及几个伙计，都得尊敬，凡事要听他们的话，有什么难处来找伯伯，千万不要偷奸耍滑，坏了规矩。"

孔鑫泰说完，王铭轩向他恭恭敬敬行了拜师礼。然后在掌柜安排下，父子二人用了晚饭。饭后，铭轩和父亲睡在一张床上。父亲千叮万嘱告诉铭轩："在店里要勤快、听话、有眼色，不要懒惰。咱虽是穷家小户人家，人却丢不起，一定要学些真本事在身。你一人在外，爹娘不在身边，别与旁人争多论少，遇事要本着吃亏态度……"

第二天黎明，王铭轩一觉醒来，父亲早已离去。原来王登元怕儿子离别伤心，鸡鸣三遍时就轻手轻脚下了床，看了看熟睡中儿子稚嫩的脸，不由自主掉下眼泪。他用手轻轻摸了摸儿子的头，又怕惊醒儿子，凝视一番，把油纸包好的两块银圆放在他的枕边，就急急忙忙地告别了掌柜，离开了景泰德商号，消失在朦胧的晨曦中。

小铭轩得知父亲悄然离去，不禁黯然神伤。眼下只剩下自己一人，举目无亲，他想，若不是家中贫穷，也许还在私塾读书，也许还在父母跟前淘气撒欢，大人哪舍得自己的孩子这么小就离家谋生？眼下陌生的环境、陌生的面孔，自己必须面对。

铭轩又想，自己家贫年幼，应当认真学习一门技艺，做一个有用的人。想到这里，王铭轩迈出初入社会的第一步，向孔掌柜的房中走去。

孔掌柜早已起床。这位精明的山西商人从少年起离家经商，就从未睡过懒觉。他认为，人必须早起，早起的家族才有兴旺之相。因此，他一生都坚持早睡早起，极有规律。有时因店中诸事缠绕，睡得很晚，但是第二天依然是黎明即起，从不违时。王铭轩走进掌柜房中，请安之后，站立一旁。孔鑫泰告诉铭轩："王相，从今天起你就是咱景泰德的'相公'，店中有二柜刘平顺，你当称刘师傅，其余五六个店员，你可称他们为张大、李大等。你在店中的事主要是服侍掌柜、承担店内杂活、烧火、送茶水、提门、挂幌子，夜里睡在柜上值夜班。掌柜出入门店，你和店中的人都要打招呼迎送，吃饭时你先侍立一方，候着上菜、添饭，你不能同掌柜同席就餐，等众人吃完饭你再吃。每天得早起迟睡，不能偷懒，更不能偷拿店中的东西，若犯店规，轻则责罚，重则辞退。王相，你可听清了？"

铭轩答道："听清楚了，孔伯伯，我一定好好干活听话，让您老放心。"孔掌柜略略点头，然后又将王铭轩唤出，带着他来到商号前台拜见二柜刘平顺，同时又一一介绍过几个伙计，有邢大、张大、郭大、胡大等。

从此后，王铭轩在店中每天天不明就起，侍奉掌柜"五壶四把"，即茶壶、酒壶、水烟壶、痰壶、夜壶，扫帚、掸子、毛巾、抹布。他每天的工作程序是先为掌柜倒夜壶，然后开始庭前庭后院落打扫，最后提门、挂幌子，擦抹柜台，用甩子、鸡毛掸子清理百货上的浮尘。清理浮尘是一件十分细致琐碎的工作，手太轻尘埃掸不下去，手重了又容易打碎物品。因此，王铭轩每次清尘都格外仔细。不等他清扫结束，"王相，沏茶"孔掌柜夫人孟氏的叫声已从后院传来。王铭轩赶忙放下手中活计，捅开火炉将水烧开，然后提上铁壶向后院掌柜房中奔去。

孔鑫泰是十分精明的商人，他每天进货、销售、同各字号间的钱物交流，都需要在每天大清早安排妥当，因此每天早晨是孔鑫泰大脑细胞最活跃的时候。

早茶过后，就用早餐，其实山西商人生活十分简单，常常是吃两个馒头、一碟咸菜、豆腐干或辣白菜、五香咸黄豆之类就匆匆完事，这也是山西人长期形成的节俭习惯。

早餐之后，孔鑫泰就开始一个时辰的站柜台，这是他一日的必修课。他这样做，一是作为景泰德商号的掌门人需要通过站柜台亲自掌握商品销售情况；二是实际考察店员；三是亲身示范，给店员直接传授推销技巧。

孔鑫泰外号"孔弥勒"，只要他站在柜台上，总是露出一副弥勒佛式的笑脸。他长得矮胖，慈眉善目，显得十分和蔼可亲。他对老人、对小孩、对官场中人、对市面上的挑衅强横者，始终是一脸谦恭的微笑，但内心却有不同对策。孔掌柜信奉和气生财，他的微笑推销术，使他在康桥镇迅速建立起广泛人际关系，人气也越来越旺，形成很大的销售圈。

站柜之后，孔鑫泰便进入货铺，将库存货物仔细清点，这时，他就让小铭轩跟在身后，帮他盘仓。困乏时，他常躺在躺椅上小憩，让铭轩给他捶背、捶腰、敲肩，在轻轻拍打中进入睡眠状态。浅睡半小时后，孔掌柜一骨碌爬起，然后背起双手，带着小铭轩来到其他同行商号门前观察，他能从对方一个眼神、一批货物的进出数量中，敏锐地捕捉到购销信息，从而决定自己商号进货的渠道、品种与数量。午餐后，他让铭轩继续在前台服侍二柜照看门店。到了晚上，铭轩和其他店员一起收回店外摆放的货物，打扫店内卫生，熄灯打烊。晚上，王铭轩就睡在前台的小房子里值班。

一天下来，小铭轩浑身就像散了架，又酸又痛。

商店中的小相公地位最低，谁都可以在他面前吆五喝六、呼来唤去。店内规定不允许相公娃同师傅顶嘴，只能默默地干活，伺候前台、后台的掌柜、二柜和各位店员。"王相""王相"的呼唤声每天不下百次。"熬相公"，一个"熬"字，饱含了多少苦水和泪水！

王铭轩离家后第一次感到自己是那样地弱小与无助。3个月过后，王铭轩甚至产生了逃回蓝田的念头，行动中不由得表现出负气与对抗情绪来。小铭轩的情绪难逃孔掌柜那双虽小却很锐利的眼睛。

夏日里一天晚上，孔鑫泰将铭轩唤到房中，问道："王相来店里几个月了，感觉咋样？"铭轩默不作声，停了好长时间，才慢腾腾地回答："好着呢，孔伯伯。"孔掌柜笑道："王相，你瞒不过我，我是过来人，知道这些日子让你受了不少委屈。可是现在这个世道，哪个行道不辛苦，哪个干事不受委屈？'不经苦中苦，焉能人上人'，做生意忍辱负重和吃苦耐劳是基本功，也是必修课。我告诉你娃娃，我离开山西老家外出谋生时，年仅 12 岁，比你还小 1 岁，受的委屈三天三夜也说不完。你是个聪明的娃娃，要想将来做大生意，你必须付出比其他人更多的辛苦。老子讲的'上善若水'，就是说水善利万物而不争，而安身于大家都不喜欢去的低洼之地。其实经商之道也和水的品性一样。不仅要像水那样，具有翻山越岭之勇，因势随形而变，而且要有无孔不入之察，奔赴江海之志。读书人常讲'不经一番寒彻骨，哪来梅花扑鼻香'，不知伯伯说的话你是否能听得进去？你若不想在这里干，伯伯送你一些铜钱，将你送回蓝田你父母身边，你可考虑好了。"

王铭轩听了孔掌柜一席话，感到震惊。孔掌柜虽然是一个普通商人，肚内竟有如此深奥的商道理论！他为自己产生的退却念头暗暗羞愧，他想，跟着这样的老板，还有什么本事不能学会呢？再想起父亲忧心忡忡的眼神、分别时语重心长叮嘱的话语，王铭轩暗下决心，一定要在康桥镇站稳脚，在景泰德混出个人样来。思忖良久，王铭轩向孔掌柜表示："孔伯伯，您老的话小侄一定牢记在心，我今后一定好好干，老实干活，遵守号规，不给景泰德丢脸，也不给西安的李伯伯丢脸。今后你看侄儿的！"

孔鑫泰笑着说："王相，难得你年纪轻轻，一点就透。你是个可造之才，伯伯今后要将你重点调教，希望你记住伯伯的话。不过今天伯伯的话，你不必告诉他人，切记切记。"

在日常生活中，王铭轩对店里的师傅都十分尊重。同时，他也处处留心商道中的一些玄机，特别是一些只能做而不能说或者只能说不能做的商业奥秘。半年多下来，王铭轩不仅赢得了师傅们的广泛称赞，而且显露出一个14岁少年所少有的持重与成熟。

只有小伙计胡怀义见王铭轩声望日高、在老板面前走红，心生嫉妒，不服气，总是横挑鼻子竖挑眼地给他找麻烦。

一天，胡怀义趁二柜刘平顺上茅房时，从柜台的钱柜中偷偷拿了两块银圆，压在大货架的瓦罐之下。然后，又故意将罩子灯放在桌边迎面处一震动就会自然摔落的地方。接着，他从后院唤出王铭轩说："刘掌柜让你收拾一下前台。"自己借机溜走。王铭轩不知是计，赶忙从后院来到前台二柜房中，他一推门，罩子灯从桌上掉下打得粉碎。王铭轩见状急忙取来簸箕和扫帚收拾地上的碎玻璃和洒落的煤油。正在这时，二柜刘平顺走进门来，见罩子灯摔碎在地上十分生气，便将铭轩骂了几句。晚上刘平顺清点账目，发现钱柜中少了两块银圆。二柜刘平顺赶紧将失银情况告知孔掌柜，并说王铭轩在钱柜旁打碎罩子灯的事。

孔掌柜听刘平顺报告钱柜丢失两块银圆，十分恼怒。自古就有失物数来人的说法，刘平顺也分析说，可能是王铭轩偷了钱仓皇逃走，慌忙中打碎罩子灯。

孔掌柜根据几个月来自己的观察，觉得这个孩子本分忠诚，各方面都使他满意，人很机灵，一身正气，不像偷盗之人。然而，眼下自己柜台丢银是事实，钱虽不多，但是"家贼难防，偷断屋梁"，一个商店不管经营好赖，绝不能允许偷窃之风滋生，姑息养奸只能贻害无穷。因此，他令二掌柜刘平顺和邢金锁悄悄地搜查王铭轩住房。结果，从王铭轩的竹席下搜出油纸包裹的两块银圆。孔掌柜一见找到了赃物，怒气冲冲地喝道："叫王相进来。"

孔鑫泰将油纸包从衣袋中掏出摔在地上，质问："这是什么，你说！"王铭轩看到自己熟悉的油纸包，从容地说："这是西安李伯给我的见面礼，我父亲临走前留下两块银圆，让我有急用时花。""那你把从柜台上偷的银圆放在哪里了，老老实实地讲！"孔鑫泰已收敛了平日的笑容，厉声问道。王铭轩泣不成声地说："孔伯伯，我们白鹿原人虽然贫穷，但人穷得有志气，我宁可饿死，也不会偷别人东西。今天中午，胡大哥说二柜让我去前台收拾屋子，我一推门罩子灯就摔在地上，我见打碎东西赶紧收拾，这时刘师傅就从外面走了进来。我从没离开过柜台，若是我偷的银圆，人在前台未离开，银圆难道长腿跑到我的房中？请掌柜详查。小侄若有半句假话，任凭您责罚！"小铭轩不等说完话，已声音哽咽、泪流满面。

孔鑫泰听完王铭轩的叙说，也觉得句句在理，铭轩也许是冤枉的，但所丢银圆究竟去了何处，一定得查个水落石出。

听王铭轩讲是胡怀义让他去前台，立即让人叫来胡怀义。胡怀义不承认是自己让王铭轩去的前台。失银之事陷入僵局。

孔掌柜细思良久，心中有了主意。他宣布暂停王铭轩的跟班业务，罚他每天在厨房帮厨、烧火、劈柴、挑水、端饭，不让他接近钱柜一步。同时又单独吩咐伙计张大暗中注意胡怀义的举动。晚上又同二柜刘平顺一起商量此事如何处理。刘平顺说："王相很像是被冤枉的。况且收到柜上的银圆我都在钱上做了暗记，从王相床下搜到的也不像是柜上的丢银。胡怀义最近常常给王相小鞋穿，是不是他暗中使坏？"

孔鑫泰暗自同意刘平顺的分析。从第三天开始，他再也不提店内丢银圆的事。

一个月过去了，景泰德对丢银圆的事，就像平静的湖面丢进了石子水纹涟漪晃动了几圈后又趋于平静，似乎什么事情都没有发生过。然而一张无形的网已经张开。胡怀义仿佛吃了定心丸，他决定从柜台取出藏匿的两块银圆。一天晚饭后，他悄悄溜入柜台，见四周无人，便提起瓦罐，迅速将银圆放入衣袋。刚准备离开，猛听得屏风后张大高声喊道："胡怀义，你在干什么？""我、我、我没干什么……"胡怀义结结巴巴地说。张大说："人赃俱获，你还敢狡辩？走，去见掌柜的。"胡怀义双膝跪倒，哀求道："张大叔，你饶了小侄这一回，今后，你让我干啥都行！"张大说："原谅了你，谁原谅王相？"

张大一把扯住胡怀义向后房走去。后堂灯火明亮，孔掌柜、刘平顺及几个伙计都在房中。胡怀义进门早已双腿发软，苦苦哀求。孔掌柜坐在太师椅上，一脸严肃地说："胡怀义，你名为怀义，所作所为实为不义。两块银圆我并不在乎，但你陷害王相，心太歹毒。像你这样的害群之马，我岂能再容你？明天你就收拾行囊回家！"

胡怀义哀求道："孔掌柜，我一时糊涂，看不惯你重用王相而出此下策。我错了，请掌柜饶恕我。我无爹无妈，若让商号开除何以为生？今后何以做人？"说罢叩头不已。孔掌柜见状，向胡怀义说道："你陷害王相，让他替你背黑锅，你先问问他原不原谅你。"胡怀义一听，知道这是给他一个台阶下，连忙转身，双手合十，哀求王铭轩说："铭轩兄弟，原谅哥是个糊涂人，请你向掌柜给哥求个情，饶哥这一次，哥终生不忘兄弟的好处！"

王铭轩一个月来遭到了许多白眼，眼前水落石出，洗刷了自己的耻辱。然而，眼见胡怀义被抓，他却高兴不起来。特别是当听到胡怀义的哭诉，想着他今后可能会流落街头乞讨，想起自己也是因家贫无助来临潼熬相公，他和胡怀义同是苦孩子，何必苦苦相逼？孔老夫子"有错能改，善莫大焉"的名言似乎在他耳边响起。思忖过后，他连忙也双膝跪地，向孔掌柜哀求道："孔伯伯，胡大哥是一时之错。他已知错，有错能改，就是好人。若将大哥辞退，他的颜面何在？我又于心何安？胡大哥业务精通，恳请孔伯伯放过胡大哥这一次！"

大伙都为王铭轩这种以德报怨的宽阔胸襟所感动。这时刘平顺也过来向孔鑫泰求情饶恕胡怀义。孔掌柜沉思一会儿，慢慢说道："念你是初犯，刘二掌柜与王相为你求情，暂且饶恕你这一次，只是需要罚薪两个月，将你撤离前台，随货队出外运货。今后若再犯，决不轻饶！你要先谢这个代你受过的小兄弟。"

胡怀义忙说："记住了，感谢掌柜给我改正的机会，也感谢铭轩兄弟宽宏大量。"说完又跪向铭轩，铭轩赶忙扶起，二人相拥抱头大哭。

丢银风波后，景泰德上下对王铭轩以德报怨无不刮目相看。胡怀义羞愧之余，以感恩之心视铭轩为知己兄弟，二人渐渐成为莫逆之交。孔掌柜把没收的银圆还给铭轩，又奖励他两百文铜钱。

孔掌柜十分喜爱王铭轩的机灵与忠诚。"丢银风波"之后，孔鑫泰对这个年轻娃娃更是着意栽培。景泰德商号门口悬挂着几个条幅，有"童叟无欺""公平买卖""从不赊欠"等字样。"童叟无欺""公平买卖"，老孔做到了并做得很好。唯独在"从不赊欠"上，他自己就常打折扣。尽管孔掌柜在经营上一贯精打细算，但是康桥镇总有一些乡邻因生活困难常要赊欠一些生活必需品。时间长了，日积月累便成为一堆棘手的呆账。但是每到腊月三十前，孔掌柜总会将欠账户叫到家中，问明缘由，能还则还，实在不能还者，孔掌柜便将这些欠条投入木炭火中一烧了事。随后，孔掌柜还送上过年用的米面食盐和日常用品，最后又笑嘻嘻地将这些欠款户送出门外。孔掌柜这种做法，使那些欠账人家感动得热泪盈眶，使他在康桥镇赢得了好名声，商店人气更旺。他因此也得了个绰号"孔弥勒"。

每当年终烧欠条，王铭轩就在掌柜左右。有一次他问孔鑫泰："伯伯，你这样做，不是要让咱店号受损失吗？"

孔掌柜答道："王相，君子爱财，取之有道。自古道，小胜靠智，大胜靠德，小商得利，大商得道，得道者方能得天下之利。我们景泰德虽然不是大商号，但是也在康桥镇立足十多年，康桥镇就是我们景泰德赖以生存的土地，要感谢康桥镇父老乡亲多年来对咱商号的光顾与厚爱，没有他们购买商品，我们字号一厘钱也赚不到。娃娃啊！顾主才是我们的衣食父母、生财之源。你还太年轻，尚不明许多事理，这其中的奥秘，你今后要慢慢参悟。我一生奉行的是做寻常人、干寻常事。作为一个远离家乡的小商人，商业活动中的情缘是必不可少的，要广结善缘、推己及人，让顾主和各商号乐于和你打交道，这样你的生意才会像滚雪球一样越来越大。王相，商道是一本无字天书，你要用一生的精力仔细品读，万万不可浅尝辄止、掉以轻心。"

"我记下了。"王铭轩一面点头，一面回答孔掌柜，孔掌柜的话已深深印在王铭轩脑海之中。

腊月是商号一年中最重要的时节，每年商号利润的四分之一都是从这一个月获取的。每天铭轩和其他店员一起将货物摆出店外，占去了大半条街道路面，商品源源不断地从库房输出、输入。景泰德的商队也络绎不绝从省内外商业基地中将货物分散打包驮运回店，每次骡队出店、回店，孔掌柜都吩咐手下一定要燃放鞭炮。这样做，一是对商队的祝愿和庆贺，二是图个吉利。孔掌柜非常看重每次商队的成功之行，他常常在驮队归来后亲自把盏，为驮队每人斟酒三杯以示敬重。当晚，他还会安排下人伺候镖师和队长洗去一路风尘，然后再留下他们几人对饮。酒过三巡，菜过五味，人们酒酣耳热时，精明的孔鑫泰又会提出下一次出行计划。

景泰德商号上上下下最繁忙的时候，也是王铭轩跑前跑后最忙碌的时候。他首先要照顾好孔掌柜的生活起居，同时最爱听押镖镖师讲述商队所经历的惊险故事。商队在社会风尘中的历练经验，为他后来另起炉灶、在商海中独当一面积累了丰富素材，使小铭轩的胸襟和眼界有了质的飞跃。

经过繁忙紧张的腊月之后，迎来了1914年的春节。腊月二十九夜晚，孔掌柜未等日落便匆匆打烊，他给每个店员支付了薪水，每人又得到了过年的食品和礼物。然后，掌柜与店中伙计同桌进餐，祝贺新禧，让商号全体员工开怀畅饮。此时，孔鑫泰又当众宣布一个决定："让王相过年之后，随商队出外采购。"王铭轩也十分向往商队多彩的生活，掌柜的决定正合他意。然后孔掌柜发给王铭轩年薪两吊铜钱，这时大伙一起喝起酒来。在猜拳声、吆喝声、此起彼伏的喧闹声中，只听见院内偏门一阵吱吱作响，抬头一看，原来是多日不见的胡怀义闪进门来。

王铭轩见是胡怀义闪进门来，迎上前去，用拳头在他肩头轻轻击打了两下，两人都喜不自禁。自"丢银风波"之后，胡王二人早已冰释前嫌，成为无话不说的好朋友。胡怀义被掌柜调到采货驮队后，每次外出回店，总不忘给铭轩带点外地的食品。胡怀义讲的商队在外的经历听得铭轩热血沸腾，怀义的机敏干练也使王铭轩暗暗佩服。

年轻人的心总是相通的，饮过几杯酒之后，胡怀义的话锋就直奔主题："兄弟，听掌柜说把你调到驮队，你准备咋办？""胡哥，我准备过年就去商队运货，和胡哥一起闯天下。""铭轩，去驮队倒是可以看看外面的世界，比在店中爽快，只是太辛苦了，不知兄弟身体吃得消？""没啥，胡哥，过了年我就虚岁15岁了，男过十二夺父志，咱是穷人家的娃，啥苦也能撑得住，况且驮队中还有你胡哥在，我怕啥呢？""好！兄弟你既然把话说到这份上，过年后咱兄弟俩一起干，哥在驮队，你绝对吃不了亏。"两人越谈越投机。胡怀义将商队的人员、出行规律向铭轩一一细说。正交流中，铭轩一眼望见邢伯伯缓缓地向这边走来，王铭轩连忙起身让邢伯伯坐在上首。邢金锁对王铭轩说道："娃呀！过年之后，你就要离咱柜上去驮队了，你走了伯伯也照看不上你。唉！出门在外，多长个心眼，凡事要放机灵点。在驮队要眼观六路、耳听八方，要多听、多看、少说话，凡遇事要看在眼里、记在心中，世道险恶，人情复杂，但也是锻炼后生的地方，几趟下来，你对什么事就都明白了。"

王铭轩听邢伯伯讲的肺腑之言，频频点头，连忙说："邢伯伯，小侄记下了，我一定好好跑生意，您老放心。"然后又毕恭毕敬地向邢师傅斟满三杯酒。

景泰德在鞭炮和喜庆中度过了 1914 年的春节。

不料，这是一个多事之年。河南流寇李白朗率部在豫西、皖、鄂等地流窜，号称"七白狼"。陕西到处流传着"白狼出山"的风声，传言白狼要攻占西安、血洗三秦。老百姓赶紧囤积货物和生活日用品，景泰德商号生意也空前地繁忙起来。元宵节之前，孔掌柜心想，一旦战乱迭起，商道被阻，货物来源断绝，商店无货可卖，决定让商队尽早先去三原、泾阳、凤翔等地进货。元宵节刚过，孔掌柜亲自为商队饯行。

孔鑫泰派老成持重的二柜刘平顺担任商队队长，又聘请止戈武馆有名的镖师李胜带几位徒弟押镖。正月十六黎明，包括王铭轩、胡怀义在内的一支 12 人的商队，乘着两辆大车、赶着 6 匹驮骡组成的驮队，在景泰德商号门前燃响一挂鞭炮，便浩浩荡荡地上路了。

商队沿着渭河边登上向西的行程。"七九八九河边看柳"，虽然是春寒料峭但河畔的柳树枝头已开始泛绿，柔软的枝条上爆出米粒大小的芽珠在随风摇曳，释放出春天的信息。

15岁的王铭轩是商队中年岁最小的一个，然而，他初生牛犊不怕虎，不知世道险恶，只感到沿途处处新奇。而商队队长刘平顺，这位心机缜密、城府很深的商界老兵，自车队出发，一直忧心忡忡。辛亥革命后，陕西各地军阀混战、政令不一，西安不断地"城头变换大王旗"，与老百姓息息相关的商业活动，常常充满着变数，一招不慎就会满盘皆输。因此在一路行程中，他根本没有心思欣赏沿途风光，脑海里反复盘算着每天行程的最佳路线。镖师李胜，这位惯走江湖、见惯了惊涛骇浪的武师，对驮队的行程始终保持着高度警惕，他双目如炬，似鹰隼般的目光不断扫视沿途每个危险角落，叮咛商队迟出早歇，尽量避免发生意外。胡怀义像兄长般庇护着小兄弟王铭轩。

景泰德驮队从新丰浮桥上渡过渭河。刘平顺带着孔鑫泰的书信，拜见了临潼商会，拿到了紧俏货物的供应单，又去临潼山西会馆会长何占鳌处拿到了晋商内部货物的路引，驮队又开始新的行程。小铭轩坐在马车上想，一次简单的商务采购活动，各商团之间关系如此盘根错节，商道真是如海一般、深不可测啊！

出临潼沿着官道一路飞奔，过了漕渠坡，车队再次从耿镇的浮桥上渡过渭河，直向北行。疾驰慢赶，午后车队进入了三原县城。刘平顺和镖师李胜让商队进了马车店，骡马归槽，饮水加料，吩咐胡怀义将马背上的驮架堆放在一起。然后，让王铭轩去山西商会、陕西商会送帖子。天昏暗，黑云压得很低，要下雨了。待王铭轩送帖子回来，已是傍晚时分，刘平顺与李胜一同去拜会陕西商会会长和山西会馆的头领，商议进货事宜。

第二天一早，王铭轩与胡怀义将货物装满两马车，6匹驮骡也正在装搭驮架。车上装满了花马池盐巴，还有松江各色棉布、白蜡、火纸、水烟及日用百货，都是民间生活的紧俏物品。车队装好货物，马车上插上"止戈武馆"的镖旗，刘二柜挥手示意，冯老头一声吆喝，2辆马车、6匹驮骡沿渭北另一条官道向康桥进发。经过两天两夜的艰苦行程，傍晚车队安全抵达康桥镇。

由于时局不稳、人心惶惶，抢购囤积货物之风迅速蔓延。康桥镇家家户户都急着抢购食盐、白蜡、棉布及日用品。商店里人群出出进进，川流不息，存货很快销售一空。孔掌柜见库存货物已不多，正安排车队再次外出采购，忽然伙计周顺拿来西安发来的信件，告之河南巨匪"七白狼"窜陕，已出兵攻占豫陕边境的荆紫关。

"七白狼"即李白朗，自称"中原扶汉军"，1914年又改称"公民讨伐军"，矛头直指袁世凯，被官家骂为"狼匪"。

3月16日，李白朗与陕军陈树藩部遭遇，双方血战后，李白朗攻占了荆紫关。此前陕西督军张凤翙派兵驻蓝田七盘岭堵防不利。4月1日，李白朗离柞水欲北去西安，到营盘岭与陕军张建有部遭遇，双方大战两日，李白朗连克陕军，占领了小峪街，后由秦岭库峪、大峪、小峪出山，威逼西安。张凤翙闻报，急调附近峪口防军，并添派第一师岳翰林团及王英、魏得山营，驰赴堵防。4月6日，李白朗军占周至。4月13日，占永寿县，14日占彬县，18日攻入麟游县城。

李白朗挑起的战乱，给康桥镇景泰德商号带来了灭顶之灾，终结了孔鑫泰辉煌一时的商业生涯。

原来，景泰德商号在1914年春节后第一次顺利进货之后，货物销售迅猛，利润一路飙升，白花花的银两流入了柜台之内。他听不进二柜刘平顺"见好就收"的忠告，巨大的商业利润刺激孔掌柜决心再次铤而走险。特别是他收到凤翔城山西老乡恒来顺商号老板祁文卿的来信后，愿将自己店中的存货以低于市场价四成的价格盘转于他，这样大的利润实在是天上掉下的大馅饼。孔鑫泰兴奋之余，第二天就先安排1辆马车、8匹驮骡出发，并让止戈武馆镖师李胜带领6名保镖护镖西行。西行的货队队长仍由二柜刘平顺担任，胡怀义担任刘平顺的贴身侍卫，王铭轩被掌柜留在店里帮柜。

1914年4月16日，景泰德采货驮队从康桥浩浩荡荡出发，向凤翔进发。孔鑫泰望着渐去渐远的车队，心里高兴得乐开了花。常言道："智者千虑，必有一失。"精明的孔掌柜只看到了巨大的商业利润，却忽视了白朗军在西府的活动，他哪里想得到，景泰德商号此次采购是凶多吉少。

4月18日，景泰德车队安全抵达凤翔县城，此时的凤翔县城市面上已是一片人心惶惶。刘平顺找到了恒来顺商号老板祁文卿，双方不需要日常客套，连夜谈好了商品价格等事宜。祁老板还在原来价格的基础上又让了几分，双方议定一手交银、一手交货。

4月19日，景泰德的伙计用一整天时间将货物从商店盘出，装了整整一大车，8匹驮架也装得驮满架实，捆扎齐整。一切准备停当，刘平顺付清了祁老板的货款，然后让车队的伙计大吃一顿，决定第二天黎明出发赶回康桥。然而，傍晚时分就传来了"七白狼"已攻占岐山县城并即将进攻凤翔的消息。刘平顺立即请来镖师李胜连夜商议车队的去留。李胜说："眼见凤翔县城已成为危难之地，白狼势在必得，车队还是三十六计走为上策。"

4月20日，鸡刚叫第二遍，镖师李胜让护镖的徒弟们分前后左右护定车队，并吩咐大伙，凡遇见军兵不必惊慌，自有他和刘平顺处理。车飞快地驶出了凤翔县城，驮骡也沿着西府的官道静悄悄地向东驰去。

景泰德车队趁夜疾行，天刚刚亮，车队犹如一股黑色溪流急速向东进发。车队刚行进了大约5里，只见官道上迎面出现了白朗军的 4 名游骑。人马未到，子弹先从车队的上空凌空飞过，嗖嗖作响。白朗兵大声喊道："车队站住，再跑，老子开杀戒了！"

刘平顺令冯老头停住了马车。白朗军一阵风似地冲向马车，喊道："拉的啥东西？藏没藏烟土？"刘平顺连忙躬身上前说道："老总，我们都是民间小本生意，都是咱老百姓的日用货，哪来的烟土？"这时只见一个四旬开外、獐头鼠目的兵，狞笑着说："我看你们不像好人，是不是张凤翔的探子？""不是，不是，我们是好人，是景泰德商号的商人。"胡怀义抢先地回答着。游骑骂道："什么好人，连规矩都不懂？"刘平顺听出了弦外之音，连忙拿出 10 块银圆捧上。只见这个丘八一巴掌将钱打落在地，吼道："打发要饭的呢！"刘平顺连忙又掏出 20 块银圆。领头的兵收了钱，才放车前行。冯老头看到刘平顺的暗示后，连忙一甩响鞭，一辆马车、8 匹驮架在白朗游骑的监视下匆匆向东而去。行不到 10 里，猛听得身后又一阵人喊马嘶，又一队白朗游骑追了上来。冯老头急挥响鞭，然而毕竟车重马迟，还是被游骑赶了上来。镖师李胜一马挡定，胡怀义也只身上前。只见十几个游骑逼上前来。当头一个班长模样的兵，手持短枪高声喝道："让你们跑！"指挥手下十余人将车队团团围定。刘平顺只身走上前，打躬不已。游骑中班长模样的丘八，厉声喝道："拿 200 块袁大头放行。"刘平顺低声哀求说没有 200 块，仅有 100 块，恳求放行。

这位班长顿时变脸，揪住刘平顺衣襟，勒令迅速交钱。刘平顺苦苦哀求，这个络腮胡的丘八左右开弓，连扇了刘平顺十几个嘴巴，打得刘平顺眼前直冒金星，口鼻流血不止。胡怀义义愤填膺，怒冲冲地冲上前欲护刘平顺，被游骑班长抬手一枪击中前胸，仰面跌倒在地。其他几位镖师上前护镖，又被这个班长连开两枪，将两位镖师打倒。李胜见状大怒，连发两镖将其击毙。其余的 4 个徒弟，也拔出短枪同这十几个兵混战在一起。李胜又连发 5 镖击中 3 人，其余游骑见势不妙转身就逃。混战中李胜负伤，刘平顺亦被一枪打中胳膊，驮骡也被击中 3 匹轰然倒地。

虽然打死白朗游骑 5 人，重伤 2 人，使其狼狈逃去，但驮队损失惨重，死亡 3 人，镖师李胜和二柜刘平顺 2 人身负重伤。刘、李二人商议后决定，将 3 匹驮骡货物卸下，抛落在地，装载两位镖师及胡怀义的尸体。马车上也卸下了许多货物，摆放于官道上任追兵去抢。然后商队赶忙沿官道急行约 20 华里，后面又传来更多李白朗游骑的枪声。刘平顺连忙又将大车上的货物沿途抛下，急打马车向东疾驰。后面的游骑越追越近，李胜、刘平顺不顾伤痛指挥商队且战且退。千钧一发之际，突逢官军赵倜部骤至，一阵密集的枪炮打退了追赶的李白朗游骑，刘平顺与镖头李胜这才惊魂方定，连忙拿出银洋答谢赵倜部的救命之恩，再看货物，已失去十之七八。刘平顺连忙下令用马车装上3具尸体，让镖师李胜坐在车上指挥，其余4个镖师继续护镖，车队在惊慌的气氛中向东而行。

3天后，车队抵达康桥。孔鑫泰迎上前去，见刘平顺、李胜身负重伤，车上卸下了3具血淋淋的尸体，5匹驮架已失，马车上的货物也仅存十之二三。孔鑫泰顿时两眼冒火、急火攻心，不由自主跟跄向后摔倒在地。众人连忙扶起抢救。后经医师诊治，虽性命暂时无碍，但留下了中风后遗症，口眼歪斜，半边身子瘫痪。

孔掌柜中风之后，景泰德商号乱作一团。好在孔老板的太太孟氏临危不乱，在灾祸面前显示出山西女人少有的刚强和冷静，她一面令景泰德商号关门歇业，一面将孔鑫泰扶到床上，同时叫人将身负重伤的二柜刘平顺和镖头李胜抬下马车，派人立即到西京大医院请来名医给3人看病疗伤。她指挥将马车和剩余的几匹驮架上的货物全部卸入库中，然后又马不停蹄地为胡怀义和两个镖师安排后事。孟氏指定王铭轩为身边传话人，铭轩不停地被使来唤去，穿梭般不停地跑里跑外。待一切在孟氏吩咐下安排就绪，王铭轩才静下神来想起好友胡怀义，不禁潸然泪下。

几天来，景泰德院落白幡飘动、纸花如雪，两具镖师承殓祭奠后，已由他们的家属将棺椁领回安葬，景泰德给每位镖师发放100块银圆，作为丧葬费和抚恤金。胡怀义是个孤儿，孑然一身，孟氏决定购一块上好的坟地好好安葬胡怀义。

夜阑人静，人去棚空，只有胡怀义的灵柩被盖在白色的灵幔中。望着灵棚中的棺木，王铭轩感到一阵悲凉。"丢银风波"过后，他和胡怀义已亲如袍泽，多少个晚上两人抵足而眠、彻夜交谈。自进入采货队以来，二人更是形影不离。春节过后，商队多次外出进货，王铭轩与胡怀义总在一起，唯一这一次因掌柜临时调用未去，哪知胡大哥竟永远离他而去。王铭轩是一个极重情义之人，他想起祭文中的诗句："黄沙白草，寥落英魂，悲风哀号，蓬绕孤坟。"不禁悲从心起，大声哭了起来。

头七过后，胡怀义被安葬在临潼关山的一处坟地，景泰德也随之重新开业。但是这次商队遭劫，连同丧葬赔偿费用，已使景泰德元气大伤，孔鑫泰多年的积蓄经此浩劫即将耗尽。尽管在孟氏的主持下，景泰德勉强开业惨淡经营，但是，生意明显一天不如一天。

半年过后，孔鑫泰已能挪动脚步，但左边身子仍只能拖拽而行。口虽能说话，但言语不清，头脑也失去了原先的机敏。镖头李胜挂彩的火伤恢复很快，二柜刘平顺却因惊恐过度，伤口恢复很慢，所幸未伤及骨头，直到半年以后，伤口长出了红色的肉芽才算痊愈。

转眼又到年关，孔掌柜已能同别人交谈，只是言语迟钝，着急时靠肢体语言传给孟氏，孟氏再将掌柜的意思转告大家。面对商店每况愈下的局面，孔掌柜心灰意冷，经过深思熟虑，决定来年收缩门店，将6间门店改为3间，目前二柜刘平顺大伤虽愈，但精神上受到极大打击，短时期内不能康复，只能临时升任店中郭宗信担任二柜，由忠厚老实的邢金锁主持内外货物的发放，并仍留张大在柜上，其余柜台的几个小伙计，孔掌柜发放了工钱予以辞退。员工走时，老孔又多给每人5块银圆作为酬谢。辞行时，伙计们都流下了泪水，孔掌柜素来宽待下人，如今商号遭了这么大的灾难，辞别的员工对于孔掌柜多给的银圆，有的拿了一块作为纪念，有的拿了2~3块，没有一个拿足5块的。

这年年底，对康桥乡亲还不起货款的，孔掌柜还是按照多年店中的老习惯，连夜将欠账户叫到自己家中，将欠条一烧了事。奇怪的是，今年的欠账户很少，有的家中即使一时还不起货款，孔掌柜也烧了他们的欠条，但是，自正月十五元宵节过后，仍有一些欠债户将钱送了过来。尽管老孔是山西商人，但多年来已同康桥人打成一片，康桥人早已把孔掌柜当成自己人。

到了大年三十这一天，孔掌柜吩咐柜上拿出银圆，让王铭轩骑上骡子，给二柜刘平顺、镖头李胜各送去了10块银圆。又给亡故的镖师家中各送去两吊铜钱、米面、日用货物等。各种工作安排到位，孔老板心中一块石头落了地。

一转眼，1915 年来到。王铭轩经历了景泰德商号这么多的事情，心理变得更加成熟起来。对孔鑫泰这位识字不多的山西商人，面临如此大的灾难，却能处理得如此井井有条，他从内心深处生出一种敬意。

景泰德商号的生意始终未能缓过劲来。孔鑫泰在内外交困中亦感病体日渐沉重，勉强度过寒冬，到了杨柳吐翠、春花绽红的 1917 年春，孔鑫泰终于下定决心将商号盘予他人，同太太孟氏返回山西平遥老家。

到了小满时节，孔鑫泰将字号盘了出去，将商队骡马贱卖，对多年来追随自己的伙计们结清所有薪金，又给受伤痊愈的二柜刘平顺、镖头李胜送去部分银两，算作最后一次谢金，然后与下属饯别，在酒楼聚会了一天。最后，只留下铭轩和张大安排回山西事宜。酒筵中所有伙计无不心情黯然，难以举杯，孔掌柜再三劝慰，大伙勉强下箸，将酒和泪水一起灌入肚中。

康桥镇乡亲得知老孔要回山西，纷纷赶来送行。关山的一个老顾客，步行几十里，也赶来送行。这位老顾客当年因无力归还老孔货款，被孔掌柜烧掉欠条，又赠他粮米过年，这次他专门赶来归还老孔的欠款。孔鑫泰却说什么也不收，二人推来让去，最后孔掌柜勉强收了一部分。镖头李胜也专门赶来送行，并说孔掌柜回山西的事，他和徒弟免费护送不要分文。"老孔好人""好人老孔"，在送行的宴席上被大家不停说起，这些难以割舍的场面，给王铭轩留下了难以磨灭的印象。

当夜孔鑫泰留下王铭轩睡在房里，给铭轩面授自己经商数十年的经验，然后又将自己珍藏多年的一本《陶朱工商经》送给了王铭轩，王铭轩感激涕零，含着泪水收下了孔掌柜这份珍贵的礼品。

一个星期后，孔鑫泰和他的太太孟氏及两个女儿，在王铭轩的精心照料下，由镖头李胜护送，从临潼康桥出发，回到他阔别已久的故乡山西平遥县。几天后，王铭轩也回到故乡白鹿原。

康桥镇学艺，王铭轩遇到了他步入商海第一位导师孔鑫泰。孔掌柜向他传授了许多经商秘诀，他言传身教、以身示范、微笑待客、重义轻利、销毁欠条、宽待下属……给王铭轩留下终生难忘的印象，也成为他日后自立门户的楷模。同时，王铭轩从孔鑫泰的命运看到，没有一个安定的社会环境，没有一个强有力的政府做后盾，再有钱的商人顷刻之间也会变得一无所有。

王铭轩多么盼望没有土匪、没有战乱的和平日子！

追求

王铭轩的故事

第二章

天聚协讨债　初显干才

"近乡情更怯，不敢问来人。"家乡啊，阔别三年的家乡，终于又回到你的怀抱。铭轩的脑海中总是回忆起村头那棵熟悉的皂角树，他想此时也许已是郁郁葱葱浓荫一片，正伸长着修枝，迎接自己远别归来。还有村中间那个漂浮着绿藻的池塘，此时也许正是鸭欢鹅叫同浣衣的农家妇女朗朗笑声交织在一起的景象，正映衬着三夏前白鹿原上少有的平静与安详。还有自己梦中经常见到的溪流交汇、风光旖旎的荆峪沟，是否还是当年儿时的旧模样呢？王铭轩路过狄寨原，已是夕阳西下，晚霞是大自然最绚丽的景色，它发出万道霞光，将塬面照耀得一片灿烂。王铭轩急走快行赶到前卫村时已是暮霭重重，夜幕已完全笼罩白鹿原大地。

走进熟悉的老屋，母亲又惊又喜，她连忙拨亮油灯，仔细端详离别3年的儿子。父亲看见铭轩也十分高兴，只是不停吧嗒吧嗒地蹲在小凳子上抽着旱烟。

王铭轩在家安稳地待了几天后，父亲就对他说："我已和你李伯商量好了，你先到西安东关天聚协盐店做店员，明天就走。"王登元怕儿子闲在家里生出诸多事端来，再次求李芹溪帮忙。李芹溪对王登元说："自靖国军与陕西督军陈树藩在渭北开战以来，三原、泾阳、凤翔一带商人纷纷将生意迁来西安，东关一带的生意反而比以前更红火了。现在是乱世，咱老百姓图的是平安，我想让娃在东关盐行干几年，盐店生意比别的行业要稳当一些。"王登元笑着说："一切听老哥的安排。"

王铭轩遵照父亲的嘱咐，先到钟楼附近的曲江春找到李芹溪，拿着他写的条子，去东关找到了天聚协盐店。

天聚协盐店坐落在西安东关鸡市拐附近的大街上。在这寸土寸金的闹市中，天聚协的门面房就占据了5间，店面气派，顾客盈门，生意兴隆。两三丈长的曲尺形柜台内外，十多个敞口大木箱里装满像水晶一样亮晶晶的青盐、湖盐、花马池盐等各种盐巴，大小不同的各种提秤，整齐地挂在墙壁上。

此时，盐店门前有三四个伙计正在卸盐巴。王铭轩见状，赶忙上前帮忙。店内一个50岁左右留着山羊胡子的清癯老头，见这位陌生后生干活卖力，觉得奇怪。装卸完毕，老头赶紧问他来意，王铭轩方知此人是盐店二掌柜。二柜亲自将他引入后堂，只见正房内厅正中的太师椅上，坐着一个40来岁的壮汉，浓眉大眼，赤红脸膛，说起话来瓮声瓮气。进门前，二柜已向王铭轩做了简要介绍，掌柜大名白明堂，关中西府人，早年吆喝骡子的脚户出身，经常赶着牲口到川藏、甘陇、凉州一带贩卖茶叶和盐巴，发财后开了这家盐店，人很仗义，就是性子急躁，发起火来，就像一头犟骡子。

王铭轩从贴身的衣袋里取出李芹溪的推荐信，恭恭敬敬地递给白掌柜。白明堂看后哈哈大笑，说："既然是李哥举荐来的人，就错不了。"接着又问了王铭轩的经历，王铭轩将他在临潼康桥多年熬相公的生活一一叙说，二柜帮腔道："小伙子一进门就帮忙卸盐。"白明堂又笑了一声说："我一看就是块好料子，你熬了几年相公也该出师了。到咱盐店，你就是店员，每年我给你 12 块银圆、两石麦子作为薪水，干好了，另有奖赏，干不好，你就走人。你若同意，就让二柜带你到前台，熟悉熟悉场面，闲时站柜台，忙时帮助卸车。先干上 3 个月再说。以后在盐店，大家伙儿称呼你为王大。"白掌柜一口气说完，不容他表态，便挥挥手让二柜把他带到前台去了。

转眼到了 1919 年春节，王铭轩不知不觉在天聚协盐店当了 4 个多月的店员。白掌柜见他为人机敏、办事干练，于是将他提升为盐店采购，并让他负责店内急难杂事的处理，白掌柜还常常带他参加一些社交应酬活动，王铭轩渐渐成为天聚协商号独当一面的角色。

白掌柜一面培养他，一面给他压担子，在实践中进一步锻炼他的经商才干。1919 年 5 月一个傍晚，白掌柜将王铭轩唤至上房，交给他一桩十分棘手的差事——讨债。欠债人是一家名叫全义堂的商号，老板王俊安，8 年前借了盐店一笔钱。白明堂多次催促还款，王俊安就是不还，催急了，干脆不理不睬。这笔债款现在已达 200 块银圆，白明堂急得不知如何是好，便决定让王铭轩催要。他反复对王铭轩交代，一定要见到王俊安本人，收债的底线是 150 块本金，万不得已时，利息可以全部舍弃，最后他又叮嘱铭轩："你别的事都不要管，把这件事办好就行，需要用钱，从柜台上直接支取，不必向我请示。"

接受任务后王铭轩脑子开始盘旋，他意识到，这笔 8 年欠款年头已久，绝非一朝一夕就能解决。他也意识到，这是白掌柜对自己的考验，绝不能办砸。思来想去，他决心先吃透全义堂老板王俊安，然后对症下药。主意拿定，王铭轩来到全义堂商号附近一家小饭馆，要来一壶酒、两盘小菜吃起来，一边观察周围情况，一边给了饭馆一个十八九岁的小堂倌 20 枚铜钱，漫不经心地向他打听王俊安的情况。小堂倌口无遮拦，打开话匣子说："小哥你问的是全义堂的王掌柜？他原来可是个正正经经的生意人，只因 8 年前一场瘟疫，老婆和女儿先后毙命。从此王掌柜心灰意冷，不再好好经营门店，竟染上大烟瘾，弄得生意更加萧条。他现在经营的仍然是京货和药材生意，听说药材卖不出去，堆积如山，压在仓库。"王铭轩又问："小兄弟，王掌柜是否每天都在店中？他有啥爱好？"堂倌答道："王掌柜虽说两年前戒了大烟，现在身子骨仍然虚弱，不常来，店中生意交给二掌柜黄崇仁打理。他只是每月初一和十五来店里察看一下，然后走人。至于爱好，一是爱喝两口，而且非西凤不喝；二是爱听秦腔，隔三岔五要去戏院看名角唱戏。"王铭轩听了，心里有了主张，谢过堂倌，飞也似地赶回盐店向白掌柜汇报，并商量好下月初一专程拜会王掌柜。

农历五月初一，离端午节还有几天。王铭轩一大早坐上洋车，带着两瓶西凤酒和几张秦腔名家唱片，包装一新，赶到位于骡马市的全义堂商号。走进店门，只见抽着水烟的二柜黄崇仁正站柜台，王铭轩赶紧抱拳打躬，低声说："老叔，我是蓝田白鹿原人，是你家掌柜故友的儿子，今天专程来探望王伯，请老叔引荐。"黄崇仁见来人手里拿着包装考究的礼品，人长得很精神，话又说得亲切，不便细问究竟，眼珠子转了半天，脸上才露出一点儿笑容，努了努嘴，说："王掌柜就在上房"，并吩咐伙计引路。

王俊安正在房中小憩，忽然，伙计引来一个年轻后生，自称是他故友的儿子，等王铭轩进门后，他从头到脚仔细打量，对眼前这位后生竟毫无印象，心里不觉一怔，连忙问道："请问你是谁？我实在想不起来。"看着王掌柜那副疑惑的表情，王铭轩不慌不忙，先将西凤酒和唱片放在桌上，笑着说道："王伯，小侄是白鹿原人王铭轩，听家父讲，当年他在东关麻子刘伯处学铜匠时，曾与你打过交道。我的义伯是李芹溪，他让小侄今天来拜访你。首次见面，送上你爱喝的西凤酒和爱听的秦腔唱片，请王伯笑纳。"王俊安听得一头雾水，麻子刘确实是东关有名的铜匠，他徒弟很多，自己搞不清来人的父亲是其中哪一个。而李芹溪确实是西京城里厨界泰斗，既然是他的义侄，看来马虎不得。

王俊安又把铭轩上下打量一遍，只见小伙子年方二十左右，人长得有几分帅气，举止落落大方，说话得体，这个自称来自白鹿原的后生身上却没有一点儿乡下人的怯生与土气。王掌柜心里一阵翻腾，转眼一想：有礼不打上门客。看着包装精美的西凤酒和唱片，他只好打起圆场来，说："想起来了，令尊我认得认得，至于李大哥，他可是咱西京城里的大名人，也是我的好朋友。贤侄今日找我有什么事，不妨痛痛快快说一说。"

王铭轩笑嘻嘻地说："王伯，您既然和家父、李伯是朋友，我就把您当长辈。半年前，小侄经李伯介绍，在天聚协盐店谋到一份差事，听白掌柜说，贵店欠盐店一些钱，掌柜让小侄前来打听打听，看您啥时候能还上，您老回了话，我也好回去交差。"

一听"天聚协"三个字，王俊安脸上倏然变色，嗓门也提高许多："小伙子，原来你是为天聚协要账的！我明白告诉你，现在没钱！库房里的药材放两年了，销不出去，资金周转困难，哪有银两还账？你不要再费口舌了，请回吧，送客！"说完，站起身来，手一扬，摆出送客的姿势。

王铭轩依然不慌不忙，他站起身来，向王掌柜解释说：

"王伯，先别急，容小侄把话说完再走不迟。我知道王伯是个诚信之人，只是眼下有点儿难处，暂时还不了钱。伯伯您总不会有钱不还账吧？"

王俊安苦笑了一声说："谁有毛还装秃子？若有钱我早就还盐店了。"

王铭轩赶紧接上话茬说："那就好，我帮您解开这个难题。王伯，我知道您有一批积压了两年多的药材，我有个门路，可以帮您把药材销出，但有个条件，药材卖出后，您得立即归还盐店的欠款，所欠200块银圆，我只收180块。您若同意，我今天就去联系销路，若不同意，就当小侄没说。"

王俊安听了，心中一阵狂喜。这批积压药材成了他一块心病，光成本就近400块银圆，他也多次寻找销路，无奈渠道不畅，又无能人筹划，急得食不甘味、夜不能寐。未等王铭轩把话说完，他匆匆打断说："贤侄，只要能售出这批药材，天聚协的欠款一分不少，200块银圆悉数奉还，另给你贤侄10块银圆作为谢礼。"两人接着商谈了药材销售有关细节，王俊安向他交代了各种药材的最低价，两人越谈越投机，王掌柜一下子像对待贵宾一样，亲自将王铭轩送出商号大门。望着王铭轩远去的身影，王掌柜还是将信将疑，心中喃喃自语："此事真能办成，岂不了却我心中一块大病？"

帮王掌柜销售药材，王铭轩并非吹牛说大话，而是胸有成竹。原来前几天，他获得一条重要的商业信息。两淮地区暴发疫情，急需陕西出产的红软柴胡、金银花、贯众、苍术、党参、蝉蜕、地黄、甘草、荆芥、防风、川芎、益母草、白扁豆、秦九、茵陈等多种药材，以控制疫情。特别是陕西出产与加工的红软柴胡、贯众、地黄更属国药上品，疫情流行，中药需求量大，价格比以前翻了好几倍。事也凑巧，提供这一信息的不是别人，正是康桥镇景泰德老板孔鑫泰的太太孟氏。孟师母的一个堂弟孟德明就是一个专做药材生意的淮商。孟德明给在枣阳的孟德厚发电报，询问陕西药材价格和货源，孟德厚让孟师母联系王铭轩，将电报发到了蓝田县前卫村，家人连夜派人将电报送到东关盐店。王铭轩看到孟师母的电报，喜出望外。正是有了这张底牌，王铭轩才敢在王俊安面前做出承诺。

王铭轩当即向天聚协盐店白掌柜汇报了孟师母来电和全义堂之行概况，白掌柜自然高兴，催促他赶紧给孟师母回电报，列举药材价格。3天后，孟德厚来电报"七日后到西安"。

孟德厚抵达西安，王铭轩和白掌柜首先在东关为孟德厚接风洗尘，王铭轩将全义堂的药材情况做了详细介绍。第二天一大早，王铭轩陪同孟德厚来到全义堂，王俊安早已等得心急火燎。一阵寒暄后，孟德厚立即到全义堂库房查验药材数量和质量，然后，开出所需药材的货单。一个等着出售，一个急着要货，双方很快成交，最后商定：孟家购买全义堂 20 辆大车名贵药材，50 骡驮的荆芥、柴胡、板蓝根等抗疫急需的中药，由西安发货，运至龙驹寨水运码头。龙驹寨以西的陆上运输由全义堂负责，自龙驹寨至目的地运费由孟家承担，孟家共支付全义堂 580 块银圆。

当晚，王俊安设宴招待孟德厚，天聚协的白明堂、王铭轩作陪，席间，白掌柜和王掌柜握手言和、重归于好，气氛热烈而融洽。孟德厚笑着说："此事多亏铭轩帮忙，没有他拉线搭桥，这笔生意做不成，我们今天也坐不到一起。"做成一笔大生意，主人和客人都高兴，觥筹交错，直至深夜。

次日，王铭轩给孟师母买了西京各种名吃点心十余盒，托孟德厚带回。

当满载药材的 20 辆大车、50 匹骡驮浩浩荡荡从全义堂出发时，整个骡马市大街为之震惊，附近商号的老板和店员纷纷跑出店外驻足观看，一边交头接耳，一边猜测王俊安用了什么魔法弄出这么大动作。

王俊安当晚即归还了天聚协欠银 200 块银圆，又馈赠王铭轩 10 块银圆以表酬谢。白掌柜只收 180 块银圆，其余 20 块银圆退给王掌柜，同时奖给王铭轩 5 块银圆作为鼓励。王俊安千恩万谢，说了不少"对不起朋友"的话，才接受天聚协20块银圆的回赠。一次商机解决了长达8年的欠款，不仅使天聚协盐店和全义堂商号重归于好，而且成为生意场上一对最好的朋友。

这次经历使王铭轩深深体会到，诚信是经营的关键，做人是成功的根本。

王铭轩为天聚协讨回欠债后，掌柜白明堂对他更加信任，接着又让他和二掌柜带着大笔银票南下扬州采购食盐。

民国时期，食盐仍属官方控制的专卖品。由于官方供货渠道不畅，食盐供应紧张，催生出一大批私营盐贩。1912—1919年，军阀割据，地方军阀对民间贩盐睁一只眼闭一只眼，只要缴纳"关金"，就予以放行，这就为私盐贩运开了方便之门。

国家一级食盐供销管理机构很长时间都在扬州，早在明朝，扬州就是陕商云集之地。由于陕西盐商财力雄厚，一直控制着江浙地区盐业的专卖权，左右着扬州盐价的起伏。王铭轩离开西安之前，通过孟师母的堂弟孟德明，找到扬州盐商泾阳人张魏的至亲，拿到供盐的批文，到扬州后，铭轩又拜会孟德明，搞到运货的舟车。一切安排停当，王铭轩的运盐船扯满风帆，沿着运河北上，抵洛阳，入黄河，进渭水，顺利到达西安草滩码头。天聚协的运盐船一船接一船运来，令同行商号羡慕不已，他们也曾多次派人南下扬州，但不是手续不全，就是运输不畅，费尽周折，血本无归。眼睁睁看着白老板发财，只能"望盐兴叹"，感叹自己手下没有王铭轩这样的人才。

王铭轩先后四下扬州购盐，天聚协日渐兴隆，誉满东关。正当王铭轩在天聚协盐店干得风生水起的时候，他做出了一个常人无法理解的决定：辞职。在一般人看来，白掌柜对他信任有加，委以重任，薪水不薄，没有任何理由在生意如日中天的时候辞职不干。王铭轩毕竟不是寻常之人，他从不满足现状和已有的成就，而有更远大的理想。临潼景泰德孔掌柜送给他的那本《陶朱公商经》，成为他从商的指南，随身携带，一有空闲就读。陶朱公范蠡"时断"与"智断"相结合的策略以及"水则资车，旱则资舟"的"待乏"经商理念，给他以启发，他决定在天聚协盐店生意兴隆之时选择离开，急流勇退，另辟蹊径。

见微知著，居安思危。聪明的王铭轩能透过现象看到本质，在轰轰烈烈的后面，他发现盐店的先天不足之处，行货单一，经营面狭窄，继续在这里干下去，不可能有大的发展。

俄国十月革命的一声炮响给中国送来了马克思主义，1919 年，五四运动爆发。各种旧的体制、思想文化不断消亡，代表民主与科学的新思想、新文化不断崛起。但军阀混战使得各地民不聊生，西安城里战事迭起。1920 年夏天，直皖战争爆发，陈树藩欲借皖系军阀的势力消灭陕西境内的靖国军，然而，皖系战败，陈树藩困兽犹斗，西安周围战火不断，东关一带已成为战争的桥头堡。王铭轩决定暂时离开西安一段时间，到关中西府的周至县城闯荡一番。

追求
王铭轩的故事

追求

王铭轩的故事

第三章

成都城买油　计高一招

王铭轩选择在周至县城南一家名叫"天福泰"的商行做店员。

这家商行的老板顾玉泉，年纪五十开外，两年前，他在西安东关进货时与王铭轩有一面之交。在这之前，顾老板已经聘请了一名助手，恰是王铭轩当年在临潼景泰德商号熬相公时的二柜刘平顺。原来刘平顺枪伤痊愈后，孔掌柜已关门回了山西平遥。于是，经朋友介绍，来到周至的天福泰商行，由于他深谙商道，又为人忠厚，很快就升任货行的三掌柜。铭轩为东关盐号赚了大钱的消息，早在西安商家圈子里不胫而走，消息也传至西府各县。刘平顺又向顾掌柜美言王铭轩，将他在景泰德商号的不凡表现一一道来，顾玉泉越听越高兴。因此，当王铭轩到商行刚满3个月时，顾掌柜就对他破格重用，任命他为总采购，负责南北货物的采购、调度与销售。

由于是知根知底的老朋友，同在天福泰商行共事的王铭轩和刘平顺进行一番推心置腹的交谈后，他们深有体会地说："陕西商界圈子说大也大，说小也小，作为打工谋生人，名声最要紧，不管是熬相公，还是当店员、二柜、三柜，只要是给老板干活的，都必须尽职尽责给人家把事做好，绝不可违反店里的规矩，否则，坏名声传出去，就无法在这个圈子里混。"

王铭轩在天福泰的最初几个月中，并不急于行动，而是按照顾掌柜的部署，在周至商业圈子里默默地做一些基础性工作，实际上就是调查研究。他深入社会最底层走访，从大小货栈到酒肆茶馆，了解市场行情。由于王铭轩初来乍到，生人生面，与人交流少了许多人为的设防。特别是茶馆中，他常常一蹲就是一天，仔细地观察来客，了解四面八方的信息。茶馆是三教九流的聚会场所，环境随意，来往的人不论身份，人与人之间能很快熟悉起来，谈话往往十分投机。一些生意人，酒热耳酣之后，常常会在这里畅畅快快地宣泄一番，从他们海阔天空不经意的交谈中，王铭轩获得了许多重要的商业消息。

周至山区面积很大，由于山峦叠嶂，海拔高度起落较大，极利于生漆生产和罂粟的种植。生漆由于用途广泛，一直是市场的抢手货。而毒品罂粟，自鸦片战争之后，使中华民族深受其害。腐朽的清政府为了解决财政困难，竟不惜提倡种植罂粟，致使鸦片流毒全国，而陕西鸦片的种植面积和产量，在全国名列前茅。

到了20世纪20年代，由于罂粟获利丰厚，关中各县普遍种植，周至、户县、兴平、宝鸡一代，成为种植罂粟较多的县份。

王铭轩受传统文化影响很深，打从步入商界第一天起，他就给自己立了规矩：绝不干伤天害理之事，不赚昧心钱。他目睹过鸦片对人的身体和心灵的摧残，多少人因染毒瘾而家破人亡。贩卖鸦片固然可以获得暴利，在利和义之间，他选择后者，绝不为了利益而牺牲道义和良心，因此，他对烟土生意十分鄙视，绝不涉足，要做光明正大的事、做堂堂正正的人。

他最看好的生意是生漆与清油。

生漆，作为秦岭山区中最具竞争力的山货，王铭轩建议货行及时派出收购人员，在秦岭山中设立网点收购。直接在产地采购，减少流通环节，避免远距离大流转，为商号节约了很多成本。同时，王铭轩又将收购后的生漆按质量分为一等、二等、三等，分类包装，避免优劣混装影响价格。好货贵卖，次品低出，优劣分明，使商品在流通中的价格更加合理。王铭轩还娴熟地运用《陶朱公商经》中的观点"论其有余不足，则知贵贱，贵上极则反贱，贱下极则反贵""贵出如粪土，贱出如金玉"。这些充满辩证法的理念，使王铭轩在商务活动中左右逢源。生漆收购季节价格最低时，王铭轩建议大量收购。当市场生漆价格趋高时，王铭轩又迅速将生漆大量抛售。这样一出一进，一贱一贵，仅仅半年就为天福泰商行赚了一大笔钱。

王铭轩在周至看好的第二桩生意，就是清油生意。西府一带特别是周至、凤翔一带，清油一直是市场的抢手货。原来，这一带的清油多是用菜籽、棉籽以及少量的罂粟籽炒熟后压榨而成的混合油。不仅本地畅销，而且还多次被驮运出省，远销潞州、固原、凉州一带。

1922 年，因天大旱，西府菜籽歉收，市场对清油需求量逐日猛增，价格像闹春荒时的粮价一样，一路飙升。王铭轩是在周至楼观台举办的一次道教活动中从山西云游道士口中偶尔得知山西潞州一带清油告罄的消息，他连夜赶回货行同顾掌柜商量。顾老板告诉铭轩："货行的存油也不多了，要命的是今年西府油籽短缺。听说四川今年油菜丰收，油价很低，若能远赴成都进货，不出一个月清油即可运到周至，那时正是周至清油缺口之时，正可弥补市场不足，赚钱是必然的。"

顾玉泉当机立断，让铭轩带三五个伙计携带银票，立即赶往四川成都进货。并再三叮咛他："全权负责，见机行事，不必请示，勿误商机，安全、迅速将清油运回陕西。"

王铭轩见顾掌柜对自己如此信任，慷慨领命。第三天，王铭轩就带领商号五人组成的采购队，入汉中，沿着崇山峻岭的蜀道，一路晓行夜宿，向四川省府成都急奔而去。

王铭轩一行六人，沿着那"难于上青天"的古蜀道，行程 12 天后，方到成都。成都是华夏驰名的"天府之国"。一条大秦岭的阻隔，使关中与蜀中风光迥异。关中八百里秦川虽然也算富庶，但由于少了温湿的气候和雨水的滋润，常常旱魃为虐。而被大秦岭挡住的温湿气流，独独惠及四川，使川中雨量充沛、空气湿润，冬无朔风吹袭，夏无烈日曝晒，形成了一个富甲千里、气候温和的富饶之地，因此人称"天府之国"。

王铭轩对一座城市的文化遗存，自幼就充满了浓厚的兴趣。这次初来成都，真想游览一下成都的景观。但是，商号盼油十万火急，他不敢有丝毫闪失。先人一步往往是商家成功的关键。王铭轩耳旁回响着掌柜顾玉泉"勿误商机"的告诫，眼前浮现出天福泰商号清油告罄、乡民购油失望而归的场面。他算了算，此次到成都，光行程就用了十多天时间，眼下一天也不能再耽误，必须以高速度和高效率紧紧抓住商机。

王铭轩到成都的当晚，就向店小二打听成都今年油菜的收成和油价情况。店小二告诉他："哎呦！你问成都今年油菜收成，龟儿子的，那可是和尚敲木鱼，真是'多多多'。风调雨顺的，油菜兮兮地尽管长，坝子上的油菜家家都盆满钵圆，大丰收啊！榨油坊都在锦里附近，出了门你就去问问，今年来成都进油的，那可是多。"

听到这个消息，王铭轩连夜将五人分了工，由他带着李山和王大直奔锦里采购清油，其余二人葛壮壮、刘斌去采购油篓。铭轩几乎一夜未眠，直到快天亮时才睡了个囫囵觉。第二天天一放亮，王铭轩就带领李、王两个伙计直奔锦里油坊而去。

锦里是成都有名的商业中心，也是成都油坊与食用油销售的集中地。成都最大的油坊德茂源，就坐落在这条街上，临街门面一下子就占了9间房，取九九归一之意，坊中院落很大，放满了数百个大小不等的油瓮，还修建了十多个油池。油坊房屋虽然低矮，但很宽敞，还未到油坊店门，那浓郁的菜籽油香味早已扑鼻而来。

王铭轩一行三人走入德茂源油坊，前台店员听他说是从陕西来川进货的客商，忙走上前抱拳相迎。又听说进货量大，便亲自将三人引入后院客厅中。请出掌柜寒暄之后，宾主坐定，铭轩当即提出购一千篓菜籽油。

掌柜姓柳名龙，字茂堂，是当地一位有头有脸、有名有势的袍哥（哥老会），年约四旬，说起话来斩钉截铁、毫不含糊。不等王铭轩说完，他就抱拳说："小老弟，实在对不起，小店的菜油3天前已全部定给一名浙商，定金已付，而且将小店今后一个月压榨的菜油也已全部预订，眼下已没有货了。"铭轩一听，不觉一愣，他心有不甘，试探道："我方再提高一成油价如何？"柳老板说："商道讲的是诚信，江湖上行走靠的是信为本、义当先。我已答应人家，你们就是出再高的价格，我也不能见利忘义。买卖不成仁义在，小老弟，你请回，生意下次再谈。"

王铭轩见和柳掌柜的谈话无法继续进行下去，便询问那位浙商的姓名以及居住地，柳掌柜回答道："浙商姓温名必成，居住在成都府南河边悦来客店。"

心事重重的王铭轩离开德茂源油坊，他想，自己急行快赶来到四川，不料还是让浙商先行一步提前购走了油。王铭轩又来到油坊街几家小油坊商量进货，没想到，他们都是德茂源油坊的分店，这条街上所有油坊压榨出来的菜油要全部交付德茂源总店，小油坊无权对外销售。榨油行业有帮规，江湖上有袍哥，柳老板就是袍哥中的头领，势力很大，他的话谁也违背不得。店家还告诉铭轩："几天前，一位浙商在总店那里定了油，我们油坊眼下也都在为这位浙江客人榨油，一个月内都无油可卖。"另外一位小伙计插话说："浙江人真是财大气粗，出手大方，简直拿钱不当钱，正眼都不看我们这些小人物。听说浙江客商今天还让人打听油篓子的价格呢……"

小伙计说的最后一句话，使王铭轩不禁眼前一亮，顿时有了主意，他不等小油坊掌柜再说什么，连忙拱手表示谢意，立即离开小店而去。

油店小伙计的话清楚无误地给他传递了一个信息，即那个浙江客商装油用的油篓子生意尚未成交，只是在打听价格而已。他意识到，这是一场商战，绝对不能输，输了，无颜回陕西，更无法向顾老板交代。王铭轩迅速理了理自己的思路，决定来一个"釜底抽薪"——立即订购成都所有的油篓子，使浙商无篓可用！主意打定，王铭轩与李山、王大立即分头向成都竹芭街奔去。

成都的竹芭街，当年是一条小街道，四川多竹又遍山生长藤条，因此这条街上多是勤劳的手工艺川人，他们用灵巧的双手编织竹器及油篓、藤椅等生活用品。王铭轩匆匆赶到竹芭街，只见一街两行摆满了竹蒸笼、竹筐、竹背篓等物品。王铭轩来到一家最大的竹器店内，要订油篓。店家告诉他，油篓价格虽然不高，但生产加工工序繁多，需要破藤、编织、内衬，还要用生石灰、猪血、生漆涂抹，或用生石灰、糯米汁、生漆涂抹，然后再用数层桐油油纸、油布作里衬，再涂很多遍生漆阴干后，方可盛油。一个油篓需要十多道工序，一道工序完成后，需要等待数日才能进行下一道工序。前天有一位商人曾来问过价，听说这一两天就要来订货了。

王铭轩听后心中暗喜，他连忙问道："全竹芭街现在有多少个盛油的油篓可售？"店家告诉他："全街的油篓子满打满算加起来，也就1500个左右。"

王铭轩告诉店家，他要订3000个油篓子，付银圆。店家说："每个油篓子现在零售价格8毛，3000个油篓子2400元。客商要这么多，我们也慷慨点，每个7毛钱，共2100元。但眼下只能先给你1500个，从今天开始，我们每个竹店连夜赶做，也得15~20天后才能给你交付其余的1500个油篓。但不知客官要这么多油篓干啥子？"

铭轩说道："店家，其余的事你就不要问了，你只管生产加工油篓就是了。"

店家又让人召集来其他 20 多家同行掌柜，谈妥了总价格为 2000 元，并谈定了交货的时间、地点。铭轩先将身上的 500 元的银票作为订金付给店家，当天晚上又同李山一起送来 1500 元银票。众店家见银票到手，马不停蹄连夜干起来。

再说那位来川购油的浙商温必成，他出生于浙江西塘古镇，年二十八九，是位出身于富商家庭的纨绔子弟，自来成都顺利地订购到菜油之后，感觉万事大吉，第二天还没来得及订好油篓，就一头钻进戏园与妓院之中，白天看戏，晚上取乐。数天之后，温必成才在随身仆人高源的多次催促下，恋恋不舍地离开丽香院。回来后，又休息了一天，其父多次电报催促，温必成才想起订购油篓之事。第三天，温必成酒足饭饱之后，携二仆来到竹芭街，走过十多家店铺，只见这些竹店加工好的油篓，整整齐齐堆放在院中。温必成请出店家要征订油篓，结果店家一致回答：油篓已经卖给了一位陕西商人，而且今后 20 天内生产的油篓，也已经全部订给了这位陕商。温必成听后，顿时傻眼，家父电报催促进油，急如星火。菜油价格正一路飙升，生意处于牛市，自己却无篓装油，怎能不急？温必成厚着脸皮，求店家高价出售油篓。而店家回答："经营信为本，买卖礼当先。油篓既然订给了陕西人，那就是人家的货，客官不要费神了，请另想别的办法。"

温必成再进其他竹店，回答一样，一下子急得他不知如何是好。后来还是一个四川老商贾提醒他："何不去找那位陕西人，求他让出部分油篓？"温必成茅塞顿开、如梦初醒，赶紧从竹店老板那里问出订篓陕西人的姓名、住址，一阵风似地直奔王铭轩的住地南河边顺义客店。

王铭轩因迟来成都几天，让温必成占了先机。然而，这位纨绔子弟因缠绵于烟花场所，使自己已经取得的市场优势顷刻间丧失。王铭轩则抓住稍纵即逝的商机，一下子购买了成都市场的全部油篓，使温必成订购的菜油无法运输、真是剑走偏锋、后发制人。

温必成心急火燎地赶至顺义客店。一路上，他心中不停地盘算，猜想这位陕商是何方神圣，竟有如此不凡的手笔，一下子敢于买光成都全部油篓，他想此人肯定是一位老谋深算的老商贾！然而，当他见到王铭轩时，发现眼前的这位竞争对手年仅二十出头，不禁吃了一惊，心想，这家伙小小年纪，竟然有如此睿智头脑，不由得让他产生了几分敬畏。

献茶之后，二人分宾主坐定。王铭轩见来人约三旬年纪，足登鹿皮凉靴，衣着华贵，肤色白皙，两道剑眉，十指柔若无骨，气态雍容，只是由于过度纵欲，两眼微陷，显得有些疲惫。王铭轩正想问话，只见温必成抢先一步说道:"在下温必成,浙江人氏,今天特来专程拜访小老弟。想不到老弟如此年轻,竟做这样大的生意,让愚兄汗颜。佩服了!"

王铭轩连忙抱拳谢道:"老哥过奖了,小弟一介寒微,只是鄢商号一名小卒而已,初出茅庐,今后在江湖上行走,还得仰仗老哥指点迷津。今天不知老哥因何事找小弟?"

温必成听王铭轩仅是商号一名小小店员,嘴角不觉微微下弯,显露出不易觉察的不屑神情来。他随即向王铭轩问道:"贵宝号来成都,你们还派哪位经理在这里坐镇?请小老弟明示于我。"王铭轩答道:"这样的小生意,我们商号不派经理来,只是让小弟带几名伙计在此打理。"温必成连忙改口说道:"愚兄眼拙,不知是老弟在此坐镇,实在失敬得很。唔……今有一事相扰,听说老弟征订了成都全部的油篓,不知贵宝号将作何使用?是否能让给愚兄一部分油篓?价钱嘛,好说,你每个油篓进价7角,我给你每个一块现银圆,不知老弟是否能割爱?"

话说到这里,才说到了正题上。王铭轩看出对方已无退路可走,于是装着思忖的样子,一边敲着脑袋,一边叹口气,慢慢地回答道:"老哥,你这是给小弟出了一道难题。近两三天,我商号掌柜三番五次来电报催促,让立即运油篓回陕西,明天,我们的1000多个油篓就要托运离川,恐怕这次给你油篓是不行了。"

温必成听后急了，脑门上的汗珠子不禁冒了出来，商号断油无货，火烧眉毛，运油迅速离开成都，刻不容缓，贻误商机，父亲责骂事小，商号经济损失事大，自己担当不起。想了再想，他只得再求王铭轩。

温必成拉下脸来，央求道："小老弟，愚兄眼下急需油篓，求老弟一定帮愚兄这回忙，事成之后我除了厚谢外，情愿在望江楼上做东，宴请老弟一行。"

王铭轩听后正中下怀，但他故意装作很为难的样子说："温兄，四海之内皆兄弟，你我同为生意人，今天你既然将话说到这份上，谁没有遇到困难的时候？我也只能瞒着掌柜，斗胆先帮温兄一次。但是老弟也有个不情之请，眼下我有篓，你有油，何不来个交换？你给我 1000 篓的菜油，我给你 2000 个油篓。眼下先给你 1500 个，我用 500 个先运一部分回陕西，随后再交给你剩余的 500 个。价钱嘛，咱们兄弟好说，油篓我也不升价，仍按原进价 7 角钱给你，你若同意，我立即先给你油篓，然后再给掌柜发电报解释此事。温兄若不同意，就当小弟我没有说，不知温兄你看这样是否妥当？"

温必成仔细地听着王铭轩的话，感到王铭轩说话不温不火、滴水不露，自己年长人家几岁，反遭这小子算计而败下阵来，心中一阵窝火。但转眼又一想，感觉王铭轩也算仗义，油篓子同意转让，价格仍按原价。尽管温必成对于出让菜油心中很不情愿，但事已至此，别无出路，只能接受王铭轩的意见。于是，温必成对王铭轩说："铭轩老弟，你既然同意转让油篓，价格仍按原价，老兄也不含糊，1000篓菜油也按原价给你。今天能结识老弟，也算是你我有缘，今后同在江湖上行走，应彼此多多照应，不知愚兄所说，小老弟还满意不？""满意！满意！"王铭轩忙不迭地回答。

双方商定后，二人分别带人立即赶到竹笆街，铭轩先给温必成1500个油篓的订货单，自己留下500个油篓。随后又去了德茂源总油坊，温必成向王铭轩转让了1000篓菜油的订单。

半个月后，王铭轩一行押着20多辆大车共500个油篓的菜油，出现在渭河平原的官道上。正是缺油时节，许多商家见到这么多的菜油无不惊愕，未到县城，天福泰老板顾玉泉早已闻讯迎来。

王铭轩押回的500篓菜油真是雪中送炭，不仅为天福泰商号解了燃眉之急，而且是商号利润中不可小觑的一笔款项。送油回来的第三天，山西潞州府的晋商已闻讯赶来，专门从天福泰商号进了100篓菜油。顾玉泉见生意如此火爆，一星期之后，不等王铭轩休整结束，就督促王铭轩带人再下成都。

王铭轩采购商队二下成都，可谓轻车熟路。原计划13

天到达成都，由于王铭轩一路催促，第十天傍晚提前抵达。他将商队安顿住在悦来客栈，当晚宣布让众伙计歇马三日，逛一逛成都的名胜古迹，品尝一下川中的美味佳肴，让大伙彻底放松放松。

王铭轩的家乡蓝田是陕西有名的厨师之乡，历史上因"勺勺客"而闻名朝野。他对饮食文化始终充满了浓厚兴趣，到成都的第二天，王铭轩就带上贴身兄弟李山，来到成都的大街小巷各餐饮名店，品尝川中的风味小吃。成都的小吃既美味又品种繁多，给他留下了深刻印象。

王铭轩还借机对四川的陕商历史进行了一番考察。陕西商人在四川经营商业长达 200 余年，盐商、菜商、金融商自清朝中晚期以来，一直在四川商界占有统治地位。著名的"西秦会馆"和"陕西会馆"就是陕商在四川最辉煌时期留下的标志性建筑。这些前辈的事迹使王铭轩获得很大鼓舞，成为他后来在四川独立经商的榜样。

一周之后，王铭轩率领他的采购团队装满了整整 20 大车 500 篓菜油，同时又采购了 30 骡驮的菜籽，离开成都向陕西缓缓进发。两次川中之行，年仅 22 岁的王铭轩显示出过人的聪明和才智。

王铭轩第二次入蜀，从成都购回的 500 篓菜油、近 7000 斤菜籽，为商号带来丰厚利润。一个多月以后，当天福泰存油销售一空时，其他商号才如梦初醒，纷纷奔向四川购油。然而，这时市场行情大变，先是葵花籽、麻籽、黄豆等油料大量上市，紧接着棉籽、玉米油也跟着拥入市场，油价一路回跌，市场销售陷入低谷。此时入川进油已无利可图。

王铭轩对瞬息万变的市场，始终保持清醒头脑。他大胆确立商业经营中的战略目标，认真对待经营中每一个细节。他牢记《陶朱公商经》中的名言："凡战者，以正合，以奇胜。"其实，出奇就是创新。王铭轩不断创新，为天福泰商号谋取了更大利益。

两次成功入川，使天福泰掌柜顾玉泉对王铭轩更加刮目相看、更加依重。顾玉泉是一个十分看重人才的东家，王铭轩回到商号的第二个月，顾玉泉就给王铭轩增加了薪水；每年二三月青黄不接或秋夏两忙时节，顾玉泉从不忘记派人将钱粮送到前卫村王铭轩家中。

滴水之恩，当涌泉相报。王铭轩也是个懂得感恩的人。他见顾掌柜如此青睐自己，一干就是三四年，一直对顾掌柜忠心耿耿。为了报答顾掌柜，王铭轩将周至县数十年来出境、入境以及当地出产的商品，做了详细而周密的调查统计，又根据天福泰经营范围，将周至的山货一一分析解剖，做了一个长远规划。为了使天福泰的山货供应能够源源不断，他列出山货品种与供应时段的详细分类表。王铭轩对外埠入境商品，采取大宗进货、加快流通、价格低廉、多销取利的营销手段，同时注重在经营中培育本商号的名牌优质商品，香菇就是王铭轩为天福泰培育的"拳头"商品。天福泰鼓励秦岭深山住户，在秋冬季节砍伐桦树、青枫、梓树等山木，伐倒后，任其堆积日晒雨淋，次年即点菌丝于其上。立春后，待地气发泄，则菇出木上。每年3~4月采集，后用火烘干，再上蒸笼，择其大菇，制成桶装商品。这样制成的香菇香味浓郁、质量极佳，天福泰每年仅桶装香菇销售数量就近万桶。虽然价格高，但天福泰的香菇一直畅销不衰，仅此一项，每年就赚取不少利润。天福泰山货名牌，迅速传到关中及邻省大中城市，使商号的营业额不断上涨，利润不断增加。

历史的车轮驶入1925年，关中地区由于连年军阀混战，老百姓生计艰难。动荡不安的社会环境，使市场购买力迅速下降，各商号的经营步履维艰。

20世纪20年代，由于周至秦岭老林资源枯竭，使之与森林关系紧密的手工业如纸厂、炭厂、铁厂相继衰落，周至经济呈现滑坡之势，许多商号纷纷关门倒闭。

老字号天福泰也深深感受到经济衰退带来的威胁。王铭轩心急如焚，总想想出点儿办法来拯救这个和自己生计攸关的商号。但他一方面感到在经济大萧条形势下自己的无奈，同时又不忍心离开青睐和倚重自己的顾掌柜。

恰在此时，西安东关裕隆庆杂货店掌柜刘明远，乘着周至市场萧条之机，前来邀请王铭轩重返西安到他的商号去施展才能。天福泰掌柜顾玉泉对王铭轩一直非常器重，但面对周至商界的颓势，强留下王铭轩反而会耽误他的前程。思考再三，他决定同意王铭轩离开。临别时，顾玉泉禁不住老泪纵横，王铭轩也双目含泪，顾玉泉动情地说："贤侄，老叔是为了你今后的发展才放你走的，你在西安若不得意，随时可回周至。你今后若发展大了，不要忘记周至山里还有个惦记你的老叔。"

王铭轩听后感动不已，忙说："不敢！小侄永远记着顾叔您的厚恩大德，您老多保重，但凡有机会，我一定来周至看望您。"

追求

王铭轩的故事

第四章

乱世讨生计　九死一生

1925 年 3 月，一辆马车载着心事重重的王铭轩向西安东关裕隆庆杂货店急驰而去。他向掌柜刘明远报了到，提出休假一个月，回家探亲，刘明远慨然答应。刘明远虽不足四旬年纪，但在商海已打拼多年。原来，他是天聚协老板白明堂的妻弟，对王铭轩的才干、人品早已从姐夫口中了解得一清二楚，他将王铭轩从周至天福泰商号挖来，可以说"蓄谋已久"。当王铭轩提出回白鹿原探亲，他不仅答应，而且特意准备了一份精美礼品。

一个月过后，王铭轩回到西安东关裕隆庆杂货店。裕隆庆商号临街门面不大，仅有 3 间门脸房，但院落很大。东关素有西安东部桥头堡之称，从东南方向进入西安的货物，大多要经过此地，然后才流向关中各县及外省商埠。刘明远继承了姐夫白明堂年轻时的经商套路，以长途贩运紧俏物资作为商号主要业务，因此并不看重店面柜台上的生意，仅将门面房作为生意联络点而已。

裕隆庆主要经营的商品是棉花、茶叶与布匹。王铭轩的到来，使刘明远感到如虎添翼。这年麦收过后，刘掌柜觉得王铭轩已完全熟悉商号情况，决定把商号最大生意——棉花交给王铭轩来做，这是裕隆庆商号多年来经营的重点商品，但一直没有做大做强。刘老板对王铭轩寄予厚望。

说到棉花生意，不能不说西安周边关中平原极其特殊的地理环境。西安地处巍峨的秦岭与绿海飘翠的关中平原怀抱之中，周边的渭水与泾河一带是厚实的黄土高原。数十米至数百米厚的黄土层，犹如吸水的海绵，黄土的高孔隙型的强毛细管吸收力，使蕴藏在深层土壤中无机质能上升到顶部。同时，又由于黄土中含有丰富的钾、磷与石灰成分，因而又具备天然增肥能力。关中光照充足、雨量适中，这样一个得天独厚的自然地理条件，极适合棉花生长。

早在明清时期，关中渭北一带就种植棉花，主要产棉区是泾河灌溉区。其中，泾阳县为全省之冠。晚清之前的棉花，品种单一，产量很低。到了清末，从外国进口种子，产量猛增。作为人们主要御寒物资的棉花，每年需求量呈不断上升趋势。由于棉花种植利润数倍于粮食作物，关中各县棉花种植面积不断扩大。

多年来，关中棉花大多销往武汉、上海及江浙一带。但近年来，河南、山东两省的棉花需求量猛增，刘明远决定舍远求近，在豫中开辟棉花市场。

王铭轩接手棉花生意后，先从基础工作做起，从货源的开发与征订上做文章。他亲自到泾阳、三原、大荔等几个产棉区，同种棉大户提前签订收购合同，先付定金，锁定货源。泾阳是"关陇第一大都会"，是关中最富饶的地域之一；三原县物产丰盛，是陕西关中的商业中心，也是东南各地货物流转西北的枢纽地；大荔地广人稀、土地肥沃，极适合棉花种植。王铭轩以这三个县做基础，同棉农签订了数百张订单，因此，到了1925年年底，裕隆庆商号的棉花库存，如雪山银海，堆满了泾阳县一个大货栈。王铭轩租用数十台轧花机、弹花机，日夜不停加工，并于腊月底前，将棉花集中打包，组织运输驮队，三次安全地将棉花送到河南郑州。这几宗大生意，使银圆如流水般进入裕隆庆账户，刘明远乐得心花怒放。王铭轩腊月底回到东关总店，刘明远当众宣布：王铭轩为裕隆庆商号三掌柜，今后棉花生意由他全权负责。王铭轩接受新的任命后，利用回西安商号的日子，专程去西安钟楼东南的曲江春，探望他格外敬重、日夜惦念的李芹溪。不过这次探望使王铭轩心情十分沉重，眼见得李伯身体大不如前，谈话中手不停颤抖，出现中风先兆。这样一位受人尊重的烹饪界泰斗，一下子变得如此衰老，使极重情义的王铭轩倍感怆然。李伯关心自己的往事如电影般在心头一幕幕浮现。李芹溪出身寒微，当过慈禧太后御厨，一生培育名厨200余位，受他指点的烹饪高手多至千人。他创建蓝田会馆，为家乡人外出谋生慷慨施援，一直是王铭轩的人生偶像。李芹溪的人格魅力一直都在鼓舞着王铭轩。

　　1925年冬季，王铭轩带领商队三次成功地押花入豫，为裕隆庆商号赚得了丰厚利润。第二年春节刚过，王铭轩于正月初六，再次率领商队装满了整整十大车棉花，直奔河南而去。

这次入豫前，王铭轩收留了曾经一起熬相公的卢财娃。王铭轩听他讲，家中日子艰难，缺米少粮无法度日。王铭轩说服刘明远聘用财娃，并将他安排在自己身边做随从，派到商队的还有一个人叫李刚以及随车押运的十多个车把式。他们一路晓行夜宿，一周之后，出陕西，到达河南地界。

这是王铭轩担任三掌柜后第一次率队出征，谁也没有想到，这是一次冒险之旅。

王铭轩这次心急火燎地亲自带队入豫，一是为抢时间，是想赶在天气转暖前再销几次棉花，眼下正是棉花价格高涨时节，天气转暖后，行情下跌，因此一天也拖延不得；二是当年在成都贩清油结识的浙商温必成传来消息，他的亲戚在河南督军府担任军需官，眼下正需要大量棉花为部队换装，这是一个重要的商机。王铭轩通过电报联系浙江的温必成，温必成联系河南郑州的亲戚军需官严林，严林又发电报给王铭轩，让他务必于农历二月中旬前将棉花交至郑州督军府。

当时陇海铁路尚未通到陕西，马拉车是主要运输工具。王铭轩商队急走快赶，在元宵节后进入河南省灵宝县，并于当晚住在函谷关内大车店。

　　函谷关，位于河南省崤山至陕西潼关之间数百里崇山峻岭之间，河南省灵宝县县城以北 13 公里，这里西据高原，东临绝涧，南接秦岭，北塞黄河，地势十分险要。因关设在峡谷之中、深险如函而得名，是出陕入豫的必经之道，被称为"一夫当关，万夫莫开"的关口。王铭轩领着财娃来到关前，只见函谷关深陷于长长的峡谷之中，关楼雄伟，石碑上镌刻着"函谷关"几个遒劲大字，经过千年岁月的磨砺，已显出斑驳痕迹，越发显得古老而苍凉。王、卢二人登上管楼，只见夕阳西下，苍茫处，暮霭迭起，烟岚顿生。阵阵寒意袭来，王铭轩尽管观赏情绪正浓，但是也耐不住凛冽寒风，于是急忙招呼财娃，二人一同回到住处。

　　王铭轩刚住下，还未来得及洗漱，只见大门中闪进一个人来。此人年约三十出头，身穿长袍，衣着整洁，举止仪态不俗，看见王铭轩便双手抱拳相揖，王铭轩也连忙拱手答礼，并问道："兄台尊姓大名，来河南不知作何生意？"只见来人不卑不亢地答道："在下毛虞岑，没有做什么大生意，只是到处走走，看看行情而已。眼下寄宿于郑州，为朋友打理货栈，小生意，不值一提。"王铭轩听说他在郑州有生意，想着自己交棉花的地点也在郑州，何不多聊几句，交交朋友。思忖之后，连忙抱拳相邀道："毛兄，小弟王铭轩，眼下在西安裕隆庆商号做店员，阅历尚浅，今为掌柜送棉花到郑州，遇见毛兄，实乃幸会。小弟做东，想请毛兄赏脸喝两杯，不知兄台是否肯屈驾一叙？"毛虞岑笑道：
"王老弟，你我同为生意人，屈驾不敢当，愚兄答应便是。"

王铭轩和毛虞岑来到大车店外的醉仙楼，点了八菜一
汤，并要了一瓶上好的竹叶青，酒过三巡，二人才慢慢聊
到正题上。毛虞岑叹口气说道："老弟！你来的可真不是时
候，眼下郑州硝烟弥漫，国民二军同镇嵩军兵端已开，战
火如箭在弦上，这个时候来河南，是往枪口上撞啊！"

王铭轩听后不觉一惊，连忙向毛虞岑请教："毛兄，小
弟孤陋寡闻，只想趁天寒尽快销些棉花。眼下棉花车已到
灵宝，进退两难，请毛兄为小弟指点迷津，让小弟这趟生
意能顺顺当当做成。"

毛虞岑说："老弟，眼下你的行动宜缓不宜急，不可
再赶行程了。宁可多走路，也要避开双方交火的战场，否
则，你这趟生意将血本无归。行路之中切记财不可外露，
多示弱于人。到郑州后有啥难事，你来找我。你要找的督
军府的军需官严林，正好也是我的朋友，到时老哥我一定
帮你。"

二人边吃边聊，不觉一个时辰过去，王铭轩付账后，
同毛虞岑一起回到大车店中。

第二天，天色破晓，王铭轩正要安排车辆行程，忽然，
卢财娃慌慌张张地从门外跑入店中，一见面就说："铭轩
哥，不得了了，函谷关满街都是兵，三步一哨，五步一岗，

已将城内堵得严严实实，禁止通行了。你说咋办？"

王铭轩急忙走出车店大门察看，只见满街都是持枪荷弹的兵，而且大声吆喝任何人不得擅自走动。王铭轩赶紧退回店中，他让人请出毛虞岑，毛虞岑走出店外一打听，原来这伙部队正是河南镇嵩军刘镇华的部下王振，他率领约1万兵力已于星夜围住函谷关城楼，又趁黎明进入函谷关内。同时，镇嵩军又在函谷关前设下一道防线，准备阻击岳维峻率领的国民二军。

这场战事，是当时一场典型的军阀混战。1925年年末，皖系军阀吴佩孚联合国民二军与奉系军阀作战，不料在日本帝国主义的挑动下吴佩孚突然反水，反过来联合奉军，调转枪头对付国民二军。河南地方军阀刘镇华趁机投靠吴佩孚，吴佩孚封刘镇华为陕甘总司令。刘一面召集旧部，收编土匪，一面联合山西军阀阎锡山，对国民二军形成合围之势。

刘镇华一方面密令王振、梅发魁率部出山，占领灵宝，另一方面又亲率柴云升部由白河、兴安北上，与王振、梅发魁会师，企图将国民二军一举歼灭。10天之后，岳维峻、李云龙、邓宝珊率领的国民二军五六万人，由郑州、开封一带取道灵宝回陕，遭到王振部阻击。国民二军惊慌失措，以为函谷关天险难以逾越，先乱了军心，部队又缺乏统一指挥，混乱不堪。后来，在镇嵩军梅发魁、憨玉珍、柴云升等部的围剿下陷入绝境。岳维峻、李云龙渡过黄河逃走，国民二军群龙无首，在阎锡山的督促下，被迫缴械。

王铭轩车队被困于函谷关大车店十多天，前行不得、后退不能，急得如热锅上的蚂蚁，亏得毛虞岑不断嘱咐王铭轩要"每临大事有静气"。他说："目前车队被困，虽涉险地，但是仍然安全，千万不能乱了方寸，自先慌乱。"国民二军被缴械后，镇嵩军下令放抢三日，这时乱兵纷纷拥进函谷关内，四处烧杀抢掠，大车店也未能幸免。王铭轩先后两次花去100块银圆，并亲自交给了镇嵩军一位团长，才勉强将棉花车保住。而毛虞岑却没有那么幸运，虽然他足智多谋，但因交不出银子，被镇嵩军乱兵捆绑，又栽赃说从他身上搜出烟土，要将他就地正法。王铭轩苦苦哀求，献出5大捆棉花赎人，毛虞岑又讲自己是河南督军府下属，并让人掏出随身携带的督军府证章，镇嵩军团长模样的人才答应放人，但临走时又抢走王铭轩一车棉花。

镇嵩军撤走后，王铭轩同毛虞岑一起押送棉花车至郑州。在毛虞岑引荐下，王铭轩终于见到温必成的亲戚、督军府执掌经济的实权人物严林。毛虞岑向严林讲了函谷关遇险经过，并美言王铭轩临危不乱，又十分重义气。严林听后笑道："感谢王老弟救了我的朋友，这次你受了损失，我高价收购你的棉花，弥补你的损失。"说完严林吩咐手下验花入库，第二天将货款付清，并提醒他说："眼下兵端已开，路上不太平，你赶快回陕西。"

王铭轩千恩万谢，带上督军府交付的银票，带上车队，急速返回陕西。

自王铭轩带车队离开西安，一个月来音讯全无，刘明远急得焦躁不安，车队十多号人，十几辆大车的棉花，几千银圆的货款，可不是一件小事。直到3月初，王铭轩带着车队安全返回东关总店。刘明远不禁放声大哭，两人相拥紧紧地抱在了一起。王铭轩向刘掌柜汇报了河南之行全过程。当讲到函谷关遇险、被镇嵩军抢去一车棉花时，刘明远忙说："兄弟！小事一桩，钱财乃身外之物，只要人在，就是万幸！"他收藏好王铭轩带回的银票，当晚在西京饭店大摆筵席，为三掌柜王铭轩一行接风。刘明远在筵席上宣布：车队放假五日，回家探亲。

裕隆庆商号在微醺的酒气中度过了刘镇华围城前最为欢乐的一天。

眼见时局动荡，战争一触即发，关中、河南都不太平，而三原库房内还存有许多棉花，刘明远忙同王铭轩商议，决定另辟蹊径，尽快把库存棉花售完，回笼资金。第二天，刘明远让王铭轩装满8大车棉花，直奔陇南重镇秦州（今天水市）而去。

农历三月，王铭轩率车队从三原总库出发，12天后到达秦州。王铭轩选择这里作为销售棉花的地点，一是天水是陇南经济比较发达的地区，商贸繁荣，人口稠密；二是这里远离战乱，老百姓生活尚且安定。

想法很美好，现实很残酷。王铭轩此次陇南之行，一波三折，非常不顺。

王铭轩到达天水当晚，让车夫将车停在大车店内，立即带上财娃向天水最大贸易货栈而去。

这座货栈名为秦陇货栈，是一位名叫鲍仁义的陕南人开的，他主要经营陕南一带的棉花。由于陕南雨水较多，棉絮质量明显不如关中棉花絮长、绒满、色白。这一点，鲍老板十分清楚，他本应以高于陕南棉花的价格收购。但关中即将发生战乱，鲍仁义知道王铭轩急于抛售，因此，故意将棉花收购价格压得很低。王铭轩好说歹说，鲍仁义在价格上就是不松口，后来见王铭轩要走，才勉强将价格稍稍上抬。王铭轩十分生气，却无可奈何。

第二天一大早，王铭轩让财娃和几个车把式在天水街头设立了3个零售摊点。由于关中棉花质量好，天水城中居民争相购买。与此同时，王铭轩寻找天水其他货栈，他一条街一条街地打听，先后去过5个货栈，才找到麦积货栈，老板出价较为合理，但仅要10包棉花（每包200斤），还不足一车。王铭轩赶紧让车把式将货物送至麦积货栈内，钱物两清后，他又立即赶至天水街头，看摊点棉花销售情况。他见摊点前购棉花的人群熙熙攘攘，不觉放下心来。

正想着多卖几日，谁知到了第三天，摊点前出现身份不明的地痞流氓，故意寻衅滋事。刚刚平息了一伙流氓闹事，中午，当地商会又以扰乱行市为由，不许街头销售。下午，又有警察局以扰乱社会治安为由，阻止街头销售棉花，并借机敲诈勒索。面对地方恶势力的阻挠破坏，王铭轩只好暂停摊点销售。当晚，王铭轩将天水销售情况及货栈压价情况用电报告诉远在西安的刘明远。第二天凌晨就收到了回电："刘（镇华）犯潼关，形势危急，棉花抛售，速回。"王铭轩立即找到天水的三秦会馆，在会馆的帮助下，终于同秦陇货栈达成协议，鲍仁义以比前天略高的价格收购王铭轩剩余的 7 车棉花。第二天王铭轩购买了几大车当地中药材，然后率领车队急急忙忙赶回关中。

王铭轩率车队回到三原，向车把式发放了薪金，将运回的中药材入了库，一切安排就绪，才带着财娃于 4 月 12 日星夜潜回西安。刘明远见铭轩安全回来，又喜又惊，连忙吩咐厨房酒菜招待。饭后，王铭轩将销售棉花的银票交给刘掌柜，并告知此次天水销售棉花并不顺利。刘明远听后哈哈一笑说道："兄弟，眼下世道乱哄哄的，钱财早已是身外之物，只要老弟能平安归来就是万幸。留得青山在，何愁没柴烧？打明天起赶紧为总店储备粮食、盐巴，更大的困难还在后头。"

当晚，从东边不时传来一阵枪炮声。第二天一大早，王铭轩一开门，就看见大街上到处是逃难的人群，男女老少携儿带女纷纷向西逃去。街道上布满了荷枪实弹的士兵，刺刀在阳光下闪着阴森森的寒光。刘明远下令关门歇业。

4月15日，王铭轩向掌柜告假回白鹿原探家，刘明远当即准假，并给他10块银圆，让他购买礼品带给家人。行前，王铭轩找到卢财娃，并告知他："师弟，哥先走，你也赶紧离开西安回柞水。这里已是战场，千万别久留！"王铭轩说完，卢财娃眼泪已簌簌落下，哭着说："感谢师兄惦念之情，今后若有用弟处，小弟誓死相随。"说完，二人洒泪而别。

傍晚王铭轩趁着镇嵩军尚未合围，急匆匆离开东关，身后响起激烈的枪炮声，刘镇华围城之战终于拉开帷幕。

就在王铭轩离开裕隆庆商号当晚，刘镇华镇嵩军已从东、南、北三面围了西安城。一个月后，西安向外唯一的通道——西安至咸阳的道路也被镇嵩军截断，西安城完全陷入刘镇华镇嵩军四面包围之中。

王铭轩回到白鹿原，一家人庆幸他从西安脱险归来，但是他一直牵挂着裕隆庆商号的安危，牵挂着掌柜刘明远和师弟卢财娃等人的命运。

卢财娃自王铭轩去后，也计划早日离开西安回老家柞水。他哪里知道，就在铭轩走后当晚，刘镇华部队已铁桶般地将西安围得水泄不通。卢财娃帮着刘掌柜秘密转移浮财，埋藏银圆。刘明远见城外兵荒马乱也不太平，便趁着围城的空隙，带着一箱金条连夜潜入西安城内。刘掌柜遣散店中所有店员，只留下心腹李刚看守店门。卢财娃因暂时无法回柞水也一同留在店中，随李刚守店。

李、卢二人紧闭店门，守在店中，每日只听得店外枪炮声此起彼伏，撕裂长空的炮弹爆炸声如天崩地裂，震得门窗不停乱晃，"嗖嗖"的子弹声不时从商号屋脊上掠过，镇嵩军围城不过几天，西安城内鸡不鸣、犬不吠，俨然已成一座死城。李刚和财娃在商号度过了几天平安日子，谁知之后的一天天刚亮，商号大门就被一群乱兵砸开，只听咣当一声，几块铺板门歪歪斜斜倒在一旁，一个班长模样的兵头冲进门来，一阵左右开弓打得李刚口鼻流血，眼睛冒金星。他恶狠狠骂道："让你开门，你不开，找死啊？"李刚正要解释，又是一阵耳光。卢财娃上前解劝，被一个满脸横肉的丘八一枪托打倒在地。这些乱兵见货架上还有不少货物，转身去抢，凡值钱的东西都落入他们囊中。一个獐头鼠目的丘八从店中搜出几十块藏匿的银圆，立即交给班长模样的兵头。等他们抢光店中值钱东西，个个囊鼓袋满后，便押着李刚和财娃向挖壕沟的工地走去。

挖围城的壕沟是一个浩大工程。长 70 里的壕沟，深 2 丈多，这样大的工程全靠抓来的民夫一锹一镐挖掘。李刚和财娃像囚犯似的被押在工地，每天干活十三四个小时，吃着猪狗食一样的饭。稍有迟缓，监工的鞭子就劈头盖脸打来。每到深夜，卢财娃周身像散了架似的火辣辣地酸疼，他思前想后决心找机会逃出牢笼。

7月22日，卢财娃趁着看守松懈，悄悄爬出壕沟，沿着凸凹不平的地面匍匐向前。爬行100多米，发现前方有一片丛林，他站起身向前跑，快接近丛林忽然身后传来一声枪声，子弹穿透卢财娃的胸膛。他大喊一声"铭轩哥"，直挺挺扑倒在地，鲜血将黄土地染成一片殷红。

卢财娃死后两个多月，1926年10月，中国政局发生了重大变化。北伐军占领武汉，吴佩孚战败。李虎臣、杨虎城两位将军坚守西安城，拖住刘镇华十万镇嵩军，使吴佩孚退守洛阳东山再起的计划破产。"二虎守长安"有力支援了北伐战争，写下中国战争史上极其辉煌而又悲壮的一页。

为了解西安之围，中共北方局书记李大钊请于右任赴苏，敦促在苏联考察的冯玉祥回国。冯玉祥接受了李大钊提出的"进军西北，解西安围，出兵潼关，策应北伐"的建议，于9月17日在内蒙古五原誓师，组成国民军联军，自任总司令，于右任任副总司令，刘伯坚（共产党员）为政治部主任，南下援陕。10月中旬，各路援陕国民军分兵三路向西安推进。

在三路重兵打击下，刘镇华于11月27日被迫撤退，嚣张一时的镇嵩军如鸟兽散。11 月 28 日，吉鸿昌旅由西安西门入城，历时八个月的"二虎守长安"，以国民军的胜利画上一个完满句号。

西安解围第三天，王铭轩便急匆匆赶回，他急于想见到自己日夜思念的恩师李芹溪、师弟卢财娃以及对自己恩惠有加的刘明远。当王铭轩走进西安城，眼前景象仿佛一座鬼城，城墙残破不堪、箭楼千疮百孔，女墙大部分被炮弹摧毁，大街上弹痕累累，房屋倒塌，瓦砾满地。街巷中，饿毙的尸体随处可见，空气中弥漫着令人发呕的尸臭。没有鸡鸣犬吠，也没有麻雀踪迹，这些可怜的动物在围城期间早已成为人们腹中之物。西安城变得死一般寂静。

王铭轩第二天就去钟楼找曲江春饭馆老板李芹溪。只见一把锈迹斑斑的大锁紧紧地锁着大门，饭馆房顶上被炮弹炸开了数米长的空洞，房顶的梁檩歪歪斜斜地倒在一旁，一片狼藉。王铭轩问周围邻居，都说不知李芹溪去向。他问一老头，老头说："唉！娃呀，人逢乱世，谁还顾得上别家的事？李芹溪徒弟众多，也许他投奔徒弟去了。"王铭轩听后心情格外沉重，他站在饭馆的断壁残垣前，怔怔地发呆。这位烹饪界的泰斗，突然间消失得无影无踪，他的泪珠不禁如雨点般滴落。他一步一回首离开钟楼，离开曲江春，沿着东大街向东关走去。

西安最为繁华的码头——东关，如今变成一片废墟，有的街巷几乎被炮火夷为平地。当年西安人引以为豪的东关六路四街十三坊，早已不见踪影，自己打工的裕隆庆商号也被炮火炸成一堆破砖烂瓦。王铭轩在这里不停地转了3天，寻找昔日故友的线索。直到第三天傍晚，在东关鸡市拐的一座废墟前遇到李刚，铭轩心头才如释重负。通过李刚讲述，他才了解到裕隆庆商号在西安被围期间遭遇的一系列劫难。

李刚含着泪水，向铭轩讲述卢财娃被镇嵩军射杀的经过，并说："裕隆庆商号也是在7月22日双方激烈炮战中，被炮弹击中，炸得片瓦无存。此前刘掌柜带着金条逃入城中，想着能得以保全，谁料到守城会这么长时间，最后城中断粮，刘掌柜拿着金条也买不到粮食，几乎饿死。冯玉祥解围后，他回到自家商号已瘦得不像人样，一下子老了几十岁。我怕他继续待在这里伤心，就雇车送回乾州老家。临行时，刘掌柜一再叮咛我看好商号的烂摊子，不准别人再挖动。"

铭轩问到财娃尸首的下落，李刚犹豫半天才说："镇嵩军规定，凡逃跑者，立即处决，就地掩埋，或丢弃万人坑，不准家人收尸。我几次提出要领回财娃尸首，被他们用枪指着鼻子大骂。只能眼睁睁看着这些匪兵拖着财娃尸体，扔在车上。"

王铭轩听罢，心中感到一阵撕心裂肺般的疼痛。他和李刚一起用白纸做成小船样河灯，趁着月色来到浐河边，点亮蜡烛放在小纸船上，然后双手轻轻放进溪流中，小纸船在漩涡上轻轻转了两圈，然后才依依不舍地奔向河心，向着黄河方向飘然而去。王铭轩低声说："财娃兄弟，你不明不白地死去，今天，哥和李刚来祭奠你，给你烧些纸钱，给你放一盏河灯，希望兄弟一路走好！"说罢，王铭轩与李刚放声痛哭。

西安城的凄惨景象使王铭轩受到强烈刺激。这是什么世道呀？哪一天百姓才能平静地生活、平安地做事。他思忖良久，决定离开西安，去河南郑州寻找机会。

从十多年前熬相公开始，王铭轩也一直思考着一个问题：什么时候自己能独立门户做事情？

经此大难，他觉得自己一下子成熟许多，也觉得独立做事的时机到了。他脑海中不由地出现几个老掌柜的形象，仿佛孔鑫泰、白明堂、顾玉泉、刘明远一个个站在他面前。他从他们每一个身上都看到了闪光点。孔鑫泰的深谋远虑，白明堂的剽悍强势，顾玉泉的头脑精明，刘明远的处事周密，这些人都对王铭轩产生了很大影响。然而最使王铭轩刻骨铭心的是孔鑫泰。孔鑫泰说的"哪里有麻雀，哪里就有山西商人"，对他无异于醍醐灌顶。特别是他的大柔大刚、童叟无欺以及善良的本质与王铭轩的性格和所受的教育更为接近。

"是时候了"，王铭轩思考良久，冒着严寒，踏上去河南之路。王铭轩乘坐铁轮大车，经过数天艰难行程，到达灵宝县。旧地重游，回想起当年卢财娃与自己一起被困在函谷关的经历，王铭轩伤感不已。第二天，他在灵宝买了去郑州的火车票，下午乘坐火车，前往郑州。

追求

王铭轩的故事

第五章

运粮救乡亲　力解燃眉

王铭轩乘坐火车从灵宝观音堂出发，第二天早晨8时许到达郑州。其实郑州对王铭轩来说并不陌生，当年他随商队来郑州，作为商队队长也算是十余人的小头目，而且商队资金雄厚，自己年轻气盛，当时何等威风！现在的他形单影只、孤身一人独闯郑州，内心深处感到格外冷清与孤独。

郑州是20世纪初国内最早发展起来并与世界接轨的内陆城市，其九省通衢地位是通过当时科技宠儿铁路来彰显的。自京广铁路与陇海铁路从郑州穿过之后，这个交通运输大动脉交会点，经济的巨大杠杆作用日益显露，明显的地理区域优势，使郑州成为国内首屈一指的物资集散地。这里到处流动着来自三江四省、海内外各界和各地的客商与行旅，他们操着南腔北调的不同口音并以不同身份纷至沓来，使郑州迅速成为国内新的经济增长地。这里物流速度快，市场繁荣，经济稳定。兴致勃勃的王铭轩穿越郑州市区和川流不息的人群，明显感受到这里经济脉搏咚咚跳动的声音。

王铭轩来郑州想见的第一个人就是毛虞岑。当年函谷关他们共同遭遇镇嵩军围困，毛虞岑在危难之际所表现出来的胆略和气魄，显示出他不同凡响的个性。王铭轩意识到，自己在商道上要发展，必须结交比自己更为优秀的人、更有本事的人。结交这样的人，等同于向自己敞开了观察社会的窗户，多了洞察商海的耳目；等同于为自己建立起新的关系网，铺下迈向成功的基石。

王铭轩来到郑州火车站附近的聚义成货栈，寻找毛虞岑。店小二也认识王铭轩，对他说："毛先生已去洛阳一个礼拜，说是这一两天回来，你若不急，不妨再等上两天。"

王铭轩听罢，只好先住在货栈附近一家小旅馆。吃罢午饭，他将身上50块银圆的创业本钱寄存在旅馆，离开闹市区，向着著名旅游景点净藏禅师塔走去，这里游人稀少、环境幽静，王铭轩需要一个清净的地方来思考自己的当今和未来。

毛虞岑于第二天回到郑州，听店小二说陕西客人王铭轩找他，简单漱洗后，便直奔小旅馆而来。自函谷关遇险后，毛虞岑就喜欢上这个头脑灵活又率真仗义的关中汉。两人相见，感到分外亲切。毛虞岑说："刘镇华八个月围城，把事做绝，给陕西人造成那么大灾难！老哥一直惦念你，不知你生死，弄得心神不宁。看到你还活着，我真高兴，大难不死，必有后福啊！你不妨把西安围城的事给哥略说一二。"

王铭轩将围城之战和发生的惨事细说一遍，毛虞岑十分惊愕，他觉得乱世中百姓简直不如蝼蚁，生命如风中之烛十分脆弱。那些贪婪的军阀，为了攫取权力与金钱，什么伤天害理的事都敢干，5万多军民白白死于战火和饥馑！

这次重逢，二人真有劫后重生、恍若隔世之感。

毛虞岑问王铭轩今后打算，铭轩说："西安已残破不堪，我想在郑州找个立足点，先做几笔有利于三秦百姓的生意。唉！眼下兄弟囊中羞涩，只有50块银圆，不知毛哥有何门路，不妨给兄弟指点指点。"

毛虞岑听后，笑道："兄弟，50块银圆能做啥生意？只能摆个小摊而已。哥倒有个主意，再过5天就是督军府严军需官母亲七十大寿的日子，严军需交际广泛又重孝道，他眼下财力雄厚、门路很广，你不妨先给其母送份寿礼，探探门路。你眼下的情形，非得有贵人相助，方能峰回路转。否则，凭你这点本钱，何时才能翻身？"

王铭轩听后觉得言之有理，连说："太好了，5天后，小弟一定把这事办好。"二人说罢又聊了一个时辰，然后才回到各自店中。

王铭轩把毛虞岑的话又反复琢磨了几遍，越琢磨，越觉得他说的有道理。目前，他在郑州人生地疏、孤立无援，只有得到严林这样有力的人物帮助，才能摆脱困境。

王铭轩用手头50块银圆买了一株一尺多长的百年老山参和两瓶茅台酒，又让饭店制作了一个硕大的面食寿桃和关中白鹿原上的高馔花馍。5天之后，他和毛虞岑一起，带着寿礼来到严府。严林正身着吉服、头戴礼帽接受各方宾客的贺礼。严老太太身着寿服，笑容可掬坐在寿堂正中，祝寿的人来了一拨又一拨，礼品花样繁多，而王铭轩送来的礼品显得既高档有品位，又新奇有创意，在祝寿活动中格外醒目。严老太太看了乐得合不上嘴，严林一下子对王铭轩另眼相看，让家人将他和毛虞岑安排在重要的嘉宾席上。

王铭轩送来的百年人参在这场祝寿活动中无疑拔了头彩，放在显赫位置，寿桃和花馍又作为关中面食的一景，做工精细，受到来宾不断称赞。

3天以后，毛虞岑领着王铭轩再次造访严府，严林显得格外客气。献茶之后，他问及王铭轩陕西有关情况，铭轩讲："围城之后，西安房屋倒塌不计其数，军民死伤五六万人，真是不堪回首！"严林又问王铭轩今后打算，并问他愿不愿到军中发展。王铭轩说："我只会做事，不会做官，也不会打仗。我眼下只想做几笔粮食生意，先救救我的陕西老乡，西安现在最缺的是粮食！"

严林听后脸色也开始凝重起来。毛虞岑在一旁不断给王铭轩美言，说这小伙子慷慨仗义，为人忠厚，头脑机敏，多次南下扬州，西去成都、天水等地做生意，每次都成功而归，是商界奇才。严林听着听着，脸色又逐渐缓和起来。他说："督军府中有批陈粮需要粜出，大约需要千块银圆的本金。我看你是个忠实可靠之人，等我请示督军后，你可先交纳200块银圆订金，准你先运粮出豫入陕，等粮食销售后，你再归还剩余本金，这是我对你最大的照顾了。"说罢，挥手示意送客。

毛、王二人离开军需处，向旅馆方向走去。一路上铭轩直犯愁，从哪里搞到200块银圆做订金呢？这不是白日做梦吗？毛虞岑笑道："王老弟，200块银圆哥给你再想想办法。这次严军需已给足了你面子，军粮无小事，他肯给你放手，已是担了很大风险，给了你很大人情，你应知足啊！"王铭轩连忙点头称是。

两天之后，严林放出口风，说司令同意拿出陈军粮，以新换旧。原来豫、陕两省军界向来矛盾很深，河南军方一直禁止豫粮入陕。这次河南粮食丰收之后要以新粮换旧粮，需要将陈粮处理掉。但这事军界不好出头，如让民间商人来办，便能免去军界之间许多不必要的麻烦，而新粮入库也迫在眉睫，所以赵司令特许让督军府开出路条，同意粮食出境。一切手续办妥，严林只等王铭轩与毛虞岑二人来交订金。

然而，200块银圆着实让铭轩犯了难，3天来他急得六神无主。直等到第三天晚上，毛虞岑才送来180块银圆，但还差20块银圆无法凑齐。毛虞岑见王铭轩实在一筹莫展，说道："铭轩老弟，我去求严军需，设法促成此事，这回算咱俩共同的生意。"二人一同来到严府，毛虞岑面子真大，说动严林收下180块银圆的订金，然后二人拿着督军府开出的军粮路条，欢欢喜喜离开严府而去。

王铭轩与毛虞岑押着6万多斤粮食，从郑州登上火车直达灵宝观音堂车站，军警查验了督军府开的手续后，放军粮离豫入陕。当4万斤小麦和2万多斤玉米被30辆马拉车运送至西安东关市场后，一下子引起强烈轰动。当时冯玉祥刚刚由平凉抵达西安，主政陕西不久，来不及有所作为。刘镇华围城使富饶的关中平原、八百里秦川城乡凋敝、经济崩溃，特别是粮食奇缺。王铭轩和毛虞岑押送的6万余斤粮食抵达西安，真是雪中送炭！王铭轩力主以每斤低于行市5厘钱的价格出售。事前王铭轩通知在家的二弟太平，让太平专程去西安东关找到李刚，让李刚在东关鸡市拐与更衣前坊的粮食市场中，找了三间房屋作为售粮的门面。当粮食到达东关后第二天，购买粮食的人蜂拥而至，挤着喊着，将店门围得水泄不通。王铭轩安排李刚及太平还有河南来的赵志成维持秩序，买粮的男女老少才渐渐平静下来，排成一字长龙。一位70多岁的老汉也在人群中排队，他身上带的钱只够买10斤粮食。铭轩见老汉可怜，便给他称了15斤粮食，还帮老汉扛上肩头，让他不用排队早早回家。有人见生意红火，建议王铭轩提价，他说："君子爱财取之有道，我从河南千方百计地搞到粮食运到西安，为的是救咱乡党，1斤粮食可以救一条命，10斤粮食可以救活一个家。目前咱乡党需要救命的粮食，我绝不发昧心财。店中的粮食不提价、不批发，只向乡亲们零售，公买公卖，决不食言。"

由于王铭轩的粮价低于行市，6万斤粮食投入市场，不过几天工夫就销售一空。王铭轩和毛虞岑商量后，又各自带领采购队三下郑州，用河南督军府开出的粮引路条购回14万斤小麦，又从河南市面收购8万斤玉米，凭着一张粮食路引，使这批救命粮一路平平安安由豫入陕，投放在西安粮食市场。这28万斤粮食，对稳定西安东关粮食市场起了举足轻重的作用。

三次成功的入豫购粮，王铭轩不仅解决了古都长安部分老百姓迫切需要的粮食，拯救了许多生命，而且在西安东关也赢得了一片赞扬声。

王铭轩入陕的粮食生意，虽然每斤利润很低，但由于流通迅速、数量大，最后盘点下来，利润还是不少。创业之初的资金是由毛虞岑筹措而来，王铭轩对毛虞岑从内心充满感激，他心里清楚，没有毛虞岑，就没有这笔生意，没有毛虞岑，他不可能这么快取得严军需的信任，没有毛虞岑，他甚至在郑州无法立足。想到这里，他决定，这次粮食生意所获得利润按"四六分成"，他只拿四成，大头六成让给毛虞岑。谁知，毛虞岑也是个仁义之人，他坚决不拿大头，他对铭轩说："咱们弟兄一场，今后合作的机会还很多。咱宁学管鲍分金，也不学孙庞斗智。所得利润，干脆二一添作五，一人一半。铭轩兄弟，你生意刚刚起步，还需要很多银子，你若看得起兄长，就这样定了。"

王铭轩还想谦让，见毛虞岑真心实意的态度，最后只好将利润按五五分成。

王铭轩用第一桶金成功敲开商海的大门，他事业航船的桅杆已闪现在地平线上，蓄势待发。此后，王铭轩决定先在郑州选准自己的立足点，利用郑州这个吞吐量极大的码头，独立自主地做自己想做的事，眼下要做的，首先是物流与行商方面的生意。

自西安城解围之后，王铭轩选择了微利的粮食生意，作为自己商业经营的重点。他的出发点很清楚，目的绝不仅仅是为了赚钱，而是为了挣扎在饥饿线上的关中父老能早日得到救命的粮食。半年多来，他穿梭般奔波于西安与郑州，为西安老百姓运回近30万斤粮食。这些粮食究竟救活了多少个生命，无法统计，看得见的是，东关一带及西安城中许多人家，断炊的烟囱又冒出了青烟，残垣断壁中的幸存者，又有了久违的笑声，鬼域一般沉寂已久的西安城又恢复了生机，这对王铭轩来说是莫大鼓舞。他做生意不单单为了赚钱，而是要为老百姓做些实实在在的事情，让他们得到实惠，能够让家乡人民在大难之后吃上他王铭轩亲手运来的粮食，欣慰和愉悦之情不由得从心头升起。

单调而又劳累的豫粮入陕生意，直到关中的小麦开镰收割，才告一段落。这半年多日子里，王铭轩忙得团团转，但是一有空闲，他就开始思索自己的未来，盘算着经营生意的立足点和突破点。他用一个农家子弟最原始的判断事物优劣的方式——比较法，反复将陕西与河南、郑州与西安进行比较。本来，他感情的天平一直向桑梓之地西安倾斜着，但是，通过反复比较，理智战胜感情。他清楚地看到，在铁路没有修到西安之前，西安无法与郑州相比。自己是一个刚刚出道的小商人，无力改变西安经济落后的颓势，与其待时，不如乘势，于是他毫不犹豫地选择了郑州作为自己商业经营的立足点。

经过比较与调研，王铭轩发现西安这座千年古都已变成一个落后闭塞的城市。关中是国内著名的产棉区，农村妇女一般都能纺纱织布，但是城市里没有纺织作坊，市民衣着完全依赖城郊生产的土布和外省进口的洋布。1921 年后，西安手工纺织业兴起，采用脚踏织布机织布，手摇纺纱机纺纱，但市场缺口依然很大，这些就为物流市场提供了广阔的天地。粮食生意做完之后，王铭轩决定与毛虞岑先分手一段时间，他太需要独立自主地做回生意了，如今赚了第一桶金，他更需要第二桶、第三桶……赚取更多的资金。手里有了充足的资金，才能做更大的生意，赚取更多的利润。因此王铭轩决定在郑州成立一家名为"秦豫贸易行栈"的商号，利用郑州得天独厚的交通优势，做陕西与河南以及全国各地的物流行商生意。

秦豫贸易行栈于 1927 年农历六月初六开业。尽管由于资金等原因，行栈仅有两间门面房，又位于郑州的偏僻地段，但前来恭贺开业的三教九流各界名士很多。军需官严林派人送来督军府贺函，郑州三秦会馆、陕西商帮以及毛虞岑等当地商界朋友，也送来各种牌匾、贺幛、贺信，这些知名人士的光临与祝贺，给这家新成立的小行栈增添了不少光彩和人气。

行栈开业前，王铭轩聘了 2 名店员和 3 个小相公，组成了贸易行栈的工作班底，其他人员都是临时工，随叫随到。两名店员一个是随王铭轩三次入陕做过粮食生意的淅川人赵志成，此人虽言语木纳，却内心精细、忠厚老实，是个搞内勤的人才；二是选择了一名风风火火的"关中刀客"苏祥。苏祥出生于大荔县金永沟，勇猛刚强，仗义豪爽，敢作敢为，是个嫉恶如仇、敢于碰硬的好汉。当年，他曾路遇一恶豪逼婚逼债，一怒之下手刃恶豪，救出孤女，并将其送回亲戚家中。此后，官府悬赏多次捉拿他，他只得隐姓埋名远走他乡。王铭轩在一次运粮途中经华阴县时遇见苏祥，见他身染重病，倒卧在草丛中，生命垂危，王铭轩忙组织人抢救，又请来郎中，治好了他的病。苏祥感谢王铭轩的救命之恩，于是铁心跟定王铭轩，二人成莫逆之交。王铭轩安排苏祥做了商号护院。其余 3 个小相公乃渭南孤儿李超峰、河南小子石根柱和张羽。

接着，王铭轩从西安刘明远处借得一笔资金。围城之后的刘明远心性大变，他在围城期间拿着金条却买不到粮食，几乎饿死，这个经历对他刺激很大，从此他把金钱看得很淡。王铭轩在西安做粮食生意时，曾派人专程给他送来数百斤粮食，在粒米如金的时刻，使他瞬间感受到王铭轩人品的高贵与感情的真挚。当王铭轩向他提出拆借资金时，刘明远毫不犹豫地拿出 300 元的银票，并提出不要任何利息。他告诉王铭轩说："老弟，今后有啥困难，只管吭声，老哥全力支持你！"

王铭轩拿着从刘明远处借来的银票和自己半年多来赚得的资金，从郑州购买了满满 5 大车日用百货和两大车松江棉布向西安城进发。

王铭轩急着给西安运日用百货，原因很简单，他目睹了西安围城后日用品严重匮乏的局面，寻常岁月中毫不起眼的一些物品竟然成为奢侈品，甚至一根针、一寸布、一件衣物，都显得极其珍贵。王铭轩在回白鹿原探亲时，亲眼看到本村一位大婶在嫁女时，因买不到小圆镜而急得六神无主、喊爹叫娘。关中太需要日用品了，西安对日用品的需求如大旱之日而望云霓，十分迫切。作为商人，市场缺什么，就该经营什么，更何况关中是王铭轩的桑梓之地。

当王铭轩的 5 大车日用品、两车松江棉布运抵西安时，立即成为东关市场的抢手货。西安市民蜂拥而至，争相购买。王铭轩零售一部分，剩余货物存放在临时货栈内，最后批发给西安百货商。他休息几日后，又从三原市场拉回整整 7 车药材，向郑州方向一路逶迤而去。

王铭轩的商队就这样来往于西安与郑州之间，几年下来他的羽翼日渐丰满。

追求

王铭轩的故事

第六章

德泰祥揽英　钱庄有名

1932 年王铭轩经过数年的拼搏，在郑州生意场上已逐渐站稳脚跟。秦豫贸易行栈也找到了自己长期经营的适销对路商品——棉花。尽管小百货、生活日用品和小机器等商品仍然在不断销售，但是王铭轩已从生意场悟出商业经营的规律，那就是自己的商号必须有自己的品牌，棉花就是王铭轩秦豫贸易行栈的品牌。

关中所产棉花，以色白、絮长、质优驰名中外，是多年来畅销不衰的抢手货。但是，长期以来小农经济粗放式经营理念，使关中农民缺乏精品意识。棉絮采摘不分级别、好坏混装，使棉花质量受影响，价格一直上不去。王铭轩采取分类收购、按质论价，从棉花源头杜绝影响质量的弊端。同时，他在陕西泾阳、三原、汉中、安康等地设立网点，从棉农那里直接收购棉花，还接收了裕隆庆商号部分棉花收购生意，以销定进，勤进快销，以进促销，坚持以公平、诚信原则对待每一个客户，因此取得了市场营销的代理权，使秦豫货栈的棉花生意像滚雪球般越滚越大，从而形成一个良性经营圈。

然而计划赶不上变化，促使王铭轩再次改变经营方向的究其原因是时局。

时间跨入 20 世纪 30 年代，当时中国国内和国际上发生了一系列重大事件，国内外形势的巨大变化直接影响中国经济的发展，王铭轩不能不对自己经营的商品和投资方向重新考虑。

促使王铭轩改变经营和投资方向的因素主要是以下两个方面。一是陇海铁路逐步贯通关中，改变了豫陕两省的经济格局。1931年12月，灵（灵宝）潼（潼关）铁路竣工，铁路由河南进入陕境，次年，铁路向关中延伸，后来的渭南通车、西安通车、宝鸡通车等，从此，沿海地区的技术和产品大量涌入陕西，推动了陕西工业的发展，西安的产业结构和生产方式发生了根本性的变化。二是1931年爆发的"九一八"事变，日本侵占东三省，紧接着，日本军国主义于1932年年初进攻上海，"一二·八"淞沪抗战爆发，民国政府所在地南京面临直接威胁。南京政府胆小怯懦，决定"以长安为陪都，定名西京"。这对西安的社会经济、文化，尤其是城市建设，产生了广泛而深刻的影响。王铭轩针对形势的迅速变化，频频陷入深思。

"一二·八"淞沪抗战爆发不久，他召开了一次董事会，研究商号今后的发展方向。第一个发言的是股份占20%左右的股东姚志伟。他说："眼下时局动荡，东三省已失，上海沦陷，倭寇亡我之心不死，郑州也难保。目前，秦豫行栈经营尚可，是去是留，请铭轩先生早做决断。"紧接着，董事胡云山发言，他说："眼下，东南沿海工厂纷纷内迁川、湘、陕等地，需要大量资金。但投资环境是首先要考虑的问题。陕西关中一带山河雄险，倭寇想攻入陕西，绝非易事。目前，西安已改成西京，作为国家陪都，人口在增长，工商业发展很快。西安的经济繁荣是迟早的事。因此，金融投资和货运应该是看好的行业，西安应该是首选之地。"胡云山的意见赢得了其他股东的赞同，大家一致认为，生意由郑州迁往西安是上策，只是选择货运物流还是金融，意见难以统一。范子明插话道："陇海铁路修到西安，西安将成为西北交通枢纽，今后郑州无法望其项背。投资金融钱庄生意，实乃一本万利，只是有许多具体事宜还得从长计议，投资方向的选择还请王经理最后定夺。"最后，董事们达成共识：秦豫贸易货栈暂不停业，仍留郑州。

会后，王铭轩沉思良久，这样大的决策绝不能轻率从事，他想和毛虞岑交谈一次，听听这位高人的意见再做定夺。

第二天，王铭轩邀请毛虞岑在郑州香蓴大酒店喝茶，他将董事会和股东的发言以及自己思考的情况和毛虞岑略述一遍，最后说："毛兄，内迁西安已是大势所趋，我已决定暂时留着贸易货栈，想投资金融行业，但苦于找不到牵线之人。"毛虞岑笑了笑，呷了一口茶，慢慢道来："铭轩老弟，你选择西安投资，实乃明智之举。作为陕西人，你有得天独厚的地域优势，但想改行做金融，以你目前的经济实力，等于纸上谈兵。不过，目前有一现成的钱庄生意正虚位以待，你不妨考虑考虑。"毛虞岑边说边用余光看了看铭轩，见他聚精会神地聆听，于是接着说："大清国自光绪二十二年（1896年）开设银行以来，到光绪二十七年（1901年），陕西才设立了秦丰官钱局，这是陕西最早具有银行功能的机构。辛亥革命之后，陕西当局为了支持新政府，于民国元年（1912年）先后成立了秦丰银行和富秦钱局。秦丰银行是陕西第一家正式银行，行使地方银行职能。曾发行过6种银两票和2种辅币。此后，秦丰银行改为富秦银行，次年，又将富秦钱局并入。富秦银行因刘镇华围城而停业。西安解围后，冯玉祥接管富秦银行，成立了西北银行陕西分行。之后，由于军需开支浩大，增发钞券无法兑现而停业。1930年正式建立了陕西省银行，定股金为200万元，官商各半，使银圆券流通全省。淞沪抗战后，沿海企业惶惶不可终日，纷纷内迁西安，且陇海铁路直通西安，这正是投资钱庄生意的大好时机。我手头有现成的钱庄生意，你何乐而不为呢？"

王铭轩自13岁熬相公以来，一直跟货物打交道，从未涉足钱庄，毛虞岑一番话对他来说真是云山雾罩，但他又是一个敢于在商海中冒险的弄潮儿，从不甘心抱残守缺。因此，赶忙问道："毛兄，你说的钱庄生意，不妨直言，别让我云里雾里听不明白。"

毛虞岑继续说道："刘峙担任河南督军以来，政界人事变动很大。我的老朋友严林，已退出督军政府，做了寓公，名义上退隐，实际上一直在利用他的社会关系做生意。严林和他的生意伙伴，资金雄厚，路子很广，他们一直推举我担任一家名叫德泰祥钱庄的经理。我想请你做我的副手，担任钱庄副经理。这是你我弟兄的一次合作，不知兄弟是否愿意？"

原来，毛虞岑和严林早在谋划成立钱庄，他正想拉王铭轩入伙，不料，王铭轩找上门来投石问路。看着王铭轩听得饶有兴趣，毛虞岑又补充道："自杨虎城主政陕西后，兴修水利，大办教育，开设医院，为陕人做了许多好事。西安现在已经从围城阴影中完全摆脱出来，正是投放资金、兴办实业的大好时机，兄弟是个聪明人，千万不要错失良机！"说完，哈哈大笑，王铭轩依然沉思不语。

王铭轩又找了几个老商贾，商议投资钱庄做金融生意一事，有同意的，也有反对的，两种意见十分对立。王铭轩思想也很矛盾，舍弃贸易行栈，投资钱庄，这无疑是他商海生涯中的重大选择。行栈成立已经五六年了，经营已经进入良性循环，但如果继续办下去，就目前形势而言，只能是小打小闹而已，缺乏大的发展前景。钱庄生意虽然前景广阔，但自己一无经验、二无资金，他反复掂量、思考。想着想着，铭轩忽然回忆起自己经历过的一件事。那是在山东胶州湾进货时，在青岛海岛上看到的一个奇观。

一个荒僻的小岛，岛上杂草丛生，海鸟成千上万的在粼粼波光的海面上自由飞翔，紧靠海面沙滩边生长着一片茂密的红树林。听当地渔民讲，红树根系很浅，单株的红树一遇大风常常被连根拔起，拦腰折断，终生再也不能生长。然而他看见的一片红树林生长得蓬勃向上，任凭海风的肆虐，整片树林无一倒斜。他感到十分诧异，渔民告诉他红树虽然根系很浅，但每株根系都能互相延伸交织在一起，盘根错节，互相依赖，形成一个强大、紧密交织的地下网络。强劲的海风尽管不断冲击，都被红树林一一化解。红树林正是依赖这种整体合力，挡住海风无数次冲击，形成一种威力无穷的群体实力。想到红树林，王铭轩获得了深刻启示：一个成功的人必须有一个强有力的团队和一种不达目的誓不罢休、敢于吃苦、敢于奋斗的团队精神。

一个企业家的视野和胸怀，往往决定一个企业的前途和命运。关键时刻，王铭轩总是大处着眼，顺应形势变化和国家需要。机会不能错过，至于缺乏经验和资金，那就靠个人努力。王铭轩最终决定：解散秦豫贸易行栈，投资钱庄，做德泰祥的副经理。

经过几个月紧锣密鼓的筹划，德泰祥钱庄终于迎来开张前第一次重要会议，实际上这是一次庆贺融资的会议。融资成功，毛虞岑立下汗马功劳，他不仅说服王铭轩加入，而且动员了白良骥、徐云卿、关励之等人为德泰祥融入大量资金。白良骥，四十刚出头，是辛亥新贵，当过一个地方巡守使，后因时局动荡，闭门谢客当了寓公，他深谙官场之道，资金雄厚，在生意场上能量很大。徐云卿，晋商后裔，祖上是晋南有名的商贾，经济实力雄厚。关励之，哥老会袍哥成员，早年参加反清暴动，后来退出江湖从商，曾运茶于甘陇、贩盐于川黔，赚得大量金银。这三个重量级人物为德泰祥带来了大量资金，解决了钱庄初期的资金启动问题。

1933年秋天，德泰祥钱庄在西安南广济街正式挂牌营业，商界同人以及社会各界名流纷纷前来祝贺，德泰祥钱庄在一片鞭炮声中，迎来了开业庆典。

那个时代，钱庄的社会角色，首先是充当各级地方政府的金库。特别是大一点儿的银行和钱庄，为官方储存各种能产生利息的银两，甚至为政府垫支汇兑解银和军饷。这就意味着更多的赚钱机会和更小的风险。

王铭轩是被毛虞岑生拉硬拽、推到钱庄副经理的位子上的，他对钱庄的业务可以说是"擀面杖吹火，一窍不通"。然而，他最大的长处就是善于学习，有在临潼和柞水熬相公的历练，他相信，在商海中，没有蹚不过去的河，没有迈过不去的坎。他相信实践出真知，只要下功夫，没有学不会的东西。经过短时间的恶补，钱庄的主要业务在他的脑海中形成了一幅幅画面。

一是汇兑。所谓汇兑，就是钱庄为商号、商帮和形形色色的商业团体，为各地的金融业务活动搭建融通的桥梁，待双方的业务活动结束后，钱庄可获得汇兑方一定的手续费。由此可见，钱庄为活跃经济、沟通社会上经济实体之间的交流，能起到重要的纽带和桥梁作用。

二是存放款。这是钱庄获得社会上资金的融资方式，通过存放贷业务，从中取得赚头，增加企业价值，实现股东财富增值。

三是兑换。指银与钱的交换，从中赚取"贴水"。当时，交换百两银子，银行通常可以赚得一两二钱到一两五钱。钱庄得天独厚的条件是能最早观察到金融市场跌涨变化的信息，因此可以买空卖空，从中谋取暴利。

四是销银子。就是溶解银两，把别的行业千足纹银或者八九成色的银子拿来加色，经熔销后，铸成需要的裸银使用流通，熔销 100 两银子可以获得 1.5~3 两的赚头。

五是买卖硬洋。一元硬洋（银圆）的标准重量是白银七钱二分，但用现银提硬洋，则需要七钱八分，最高达八钱。钱庄用银交换硬洋，当然有不少利润。

德泰祥钱庄自成立之日起，毛虞岑基本上就是个甩手掌柜，将钱庄大小事务交给王铭轩去处理。王铭轩上任后，第二天就开始"下基层"，调查研究。他不动声色地在各个柜台和业务办公室转悠，每到一处，先来个"每事问"，钱庄各类办事人员见他态度谦虚、不耻下问，不仅每问必答，而且纷纷向他建言献策，有的还要在副经理面前着意表现自己的博学与才华。王铭轩听了部下的建议后，总是轻轻一笑，不轻易表态。过了3个月，王铭轩对钱庄的业务摸清后，才开始发号施令，大刀阔斧安排工作。由于情况明，上上下下都很服气，威信自然而然地树了起来。

王铭轩善于用人，坚持采取以德才为先，不避亲疏、不拘一格的用人策略，显示出落落大气和广阔胸襟。他除了任用贸易货栈的旧人外，还通过全面考察，放手启用一些新人。

范子明，毛虞岑给王铭轩推荐的人。他思维缜密、忠诚沉稳，能出谋划策而且从不外露张扬。王铭轩任命他担任钱庄襄理。

河南小伙子张羽，苦练算盘，将珠算练得出神入化。王铭轩派他到前台掌管汇总划拨等业务。

小伙子黄鹄，自幼家贫，在蓝田县白雀寺出家当了和尚，因不能遵守佛门的清规戒律，被方丈责令还俗，流浪在西京街头无所事事。但黄鹄的童子功、铁布衫等功夫却十分了得，走起路来犹如风驰电掣，人送绰号"云中电"。由于性格孤僻，常遭人奚落轻视。王铭轩认为黄鹄之所以落到如此地步，是社会造成的，他发现黄鹄身上有很多常人不具备的优点和长处：口才好，头脑灵活，更难得的是为人仗义，讲诚信，答应人的事即使赴汤蹈火也在所不辞。王铭轩把他招来，说是要用他，前提是要他改掉身上的不良习气。黄鹄潸然泪下，感动地说："我从小失去双亲，无人照顾，受尽冷落和歧视。既然王哥看好小弟，我黄鹄铁心跟定王哥！"黄鹄后来果然成为王铭轩生意上的得力助手。钱庄的呆账、死账，大多是这位"云中电"讨要回来的，他为钱庄的发展立下了汗马功劳。

王铭轩起用的另一个人才是当年在隆裕庆商号和他患难与共的李刚。李刚为人忠诚可信，工作起来又精明干练，熟悉商道规矩，对钱庄兑出兑进的业务也很娴熟，王铭轩任命他担任前台主管，相当于现在的大堂经理角色。

王铭轩正是依靠这些各种类型的人才，组成了钱庄的经营团队，使他这个门外汉很快变成了内行。

1937年七七卢沟桥事变后，随着上海、天津、广州等中国重要的工业城市先后陷落，为了不使工厂留在沦陷区资敌，国民政府动用了大量的人力、物力和财力，组织东南沿海工矿企业向内地迁移。民族资本工业在内地如雨后春笋般地发展起来。其他的战时工业也不断崛起，陕西工业的格局也随之迅速改变。迁入陕西的工厂一下子多达42家，仅次于四川和湖南。国统区的11个工业中心，西安和宝鸡就名列其中。

面对国内外形势的重大变化，毛虞岑和王铭轩赶紧召开会议，再次审视钱庄的经营范围和投资方向以及针对市场出现的新情况应该采取的应对措施。会议认为，由于西安的战略大后方地位，银行数量一下子急剧增多，除了官办的四大国家银行在西安设立的分行以外，全国各省市银行业也纷纷在西安设立商业银行支行。除了银行以外，中央信托局、邮政储蓄金汇业局、中央合作金库、中央储蓄会等，也在陕西设立分支机构，开展银行业务。一时间西安成为西北地区的金融中心。面对这些咄咄逼人的金融大鳄以及竞争十分激烈的局面，毛虞岑、王铭轩认为，势单力薄、资金融量不大的德泰祥钱庄，唯有整合资金资源、用好用活现有资金，才能在金融市场竞争中赢得一席地位，为此，毛、王二位经理采取了以下措施：

一是发动宣传攻势，重申参与德泰祥钱庄融资的好处，将几十个融资获得好处的客户作为样板，在社会上作示范宣传，最大限度地吸纳社会上的闲散资金。这项工作由李刚负责。

二是由黄鹄负责对西迁入陕的工厂进行全方位的调查，对其中效益好而缺乏资金的工厂，德泰祥钱庄主动联系，发放贷款，银企结合，让钱庄的每个铜板迅速增值，实现融资资金效益最大化。

三是由王铭轩亲自出马，到日本人占领的上海等地考察，了解西迁入陕的工厂的经济实力与西迁规划。对于产品前景看好又最需要钱的工厂，钱庄主动送钱上门，雪中送炭。

四是由毛虞岑带队去四川成都、重庆，了解迁川工厂和企业的情况以及企业迁移四川后的发展状况，然后商讨德泰祥钱庄是否需要在成都和重庆设立分机构。

思路决定出路。计划定好，立即行动。李刚的宣传攻势发起以后，短短几个月，德泰祥存款直线上升，融资量猛增。黄鹄用他的"三快"（嘴快、腿快、耳快）和人气旺的特点，将西迁入陕工厂的情况了解得一清二楚。1932年，陕西化工工业兴起，1933年正式组建"西安集成三酸股份有限公司"；1934年，纺织工业在陕西不断发展，这一年的10月，裕秦纱厂集资65万元，在西关准备盖工厂，着手订购美国的纺纱机器、德国的锅炉、日本的织布机；1933年筹办的西京发电厂、开封西迁的中南火柴厂，由于资金短缺，周转告急；还有徐州西迁西安的襄明玻璃厂、开封信昌银号在西安创办西安安峰面粉厂等商业情报与信息。这些市场情报作为一种无形的财富，为德泰祥钱庄前期决策和投资方向，提供了重要依据。

王铭轩在1934年11月抵达上海，这里是中国最大的工业城市，当时已被日本人占领。街面上到处都是荷枪实弹的日本宪兵，整个上海市面萧条，笼罩着一片恐怖气氛。王铭轩通过布商张志成的关系，找到上海青云布庄的老板苏明。苏老板说："上海沦陷后，物资紧张，日用品奇缺，上海人民生活十分艰难，日本占领前，许多工厂迁到四川、湖南、陕西。日本人占领上海后，禁止工厂西迁，但仍有不少厂家暗中撤资，准备到内地重新建厂。我几次想走，都被日本人拦住，哎！现在走不成了。由于棉花资源短缺，严重影响纱锭生产，缺纱造成织布量锐减，工厂的日子实在难熬啊！"王铭轩同情地叹了一口气，接着问道："苏老板，小弟想了解西迁工厂的情况，也想知道上海当前其他行业的情况，请您不吝赐教。"苏明继续说："目前，上海西迁的工厂，主要在四川成都、重庆和湖南一带，迁到陕西的不多，许多工厂的老板都是留学英美的洋学子，不少人已经随厂离开上海，还有的人在观望，他们都是人才啊！至于其他行业，我不妨告诉你，若有机会，赶紧投资物流和面粉方面的生意，这是十分稳妥的产业，千万不要错过！"苏老板还告知王铭轩日本人统治下的上海物流路线、帮会组织等情况，两人谈了整整三个小时。这些宝贵的商业信息对王铭轩来说，真是千金难买，又是一笔无形的财富！

短短 20 多天的上海之行，使王铭轩大开眼界，上海不愧是中国最大的工业基地、金融和商业中心！然而，日本侵华战争使上海的工商业遭到严重破坏，日用品极其短缺，粮食、食油、盐巴这些基本生活物资供应日益匮乏，上海人民连维持最低生活需求都无法保障。这就给西安的工业发展带来机遇，特别是发展面粉、卷烟、纺织行业，已经到了刻不容缓、迫在眉睫的地步！

王铭轩带着在上海的所见、所闻，特别是布店老板苏明提供的重要商业信息，信心满满地回到古城西安。

1935年元月初，毛虞岑所率领的人马也结束了对成都、重庆的考察，于春节前夕赶回西安。毛虞岑、王铭轩将在上海、成都、重庆收集到的情报和信息经过分析，结合西安内迁企业的现状，很快明确了德泰祥钱庄新的投资方向——四川和河南，不失时机地在这两个省设立分号。

1935年冬，李刚率领德泰祥钱庄十多个员工赶赴四川，在成都、重庆这两座迁川企业最多的城市开设德泰祥钱庄分号。钱庄总襄理范子明则赴郑州，建立分支机构，拓展钱庄新的经营网点。这样一来总店人员不够用，王铭轩急忙赶往周至县，聘请老成持重又熟悉财会业务的刘平顺，让他担任钱庄账务，填补范子明留下的空缺。王铭轩又决定由"云中电"黄鹄负责川、豫两省分支机构的信息收集与传递，并保证第一时间让自己了解各分支机构的商业信息。

经过几个月紧锣密鼓的部署，小小的德泰祥钱庄生意，已经延伸到了四川、河南两省，一张四通八达的金融网络悄然形成，由于经营灵活、信息灵通，钱庄的货币流通不断加快，存款一路飙升，成为当时西安有名气的钱庄。

作为钱庄一名高层管理者，王铭轩并没有高深的金融理论知识，指导他商业活动的就是一本《陶朱公商经》和他多年从商的实践经验。他一生重视的唯有商业实践过程。为了培养自己对钱庄经营系统的实际掌控能力，他每年坚持数次亲自到钱庄各分支机构巡视。不管是郑州，还是成都、重庆，王铭轩经理来无定期，动身之前从不给下级商号经理打招呼，行踪从无规律。这样就给下属机构造成一种始料不及的神秘感。他喜欢于不经意之间考察下属的实际工作能力以及学养素质。每到一处，从来不听基层掌柜的汇报，而是先去钱庄各部门走一走。他首先观察的是员工对他到来的反应，仔细观察每处负责人的神色，从这些人神色的细微变化中，王铭轩就能预测出分支机构库房中的盈亏情况，这是他多年来观察人和事形成的特殊本领。视察完钱庄，王铭轩登门拜访钱庄一些贷款大户，了解他们申请贷款的用场，防止钱庄贷出去的款打水漂。随时掌握钱庄资金流向，这是杜绝死账、呆账的有效手段。接着，王铭轩还会访问一些存款客户，了解他们存款利息的兑现情况。完成了这一系列调查研究，他才倾听各部门负责人的汇报，这些负责人知道王铭轩已经把钱庄里里外外的情况调查得清清楚楚，汇报时谁也不敢弄虚作假。

王铭轩通过巡视钱庄分支机构，不仅大大增强了自己的掌控力，而且获得了大量商业情报和信息。在视察德泰祥在重庆的分号期间，他了解到，由于内迁企业不断增加，物资需求量日益猛增。随着重庆成为国民政府的陪都，特殊的政治地位以及地理优势吸引着沿海地区许多企业家，他们争先恐后把投资地选在重庆。然而，四川的交通十分不便，自古就有"蜀道之难，难于上青天"之说。重庆更是被崇山峻岭层层包围着，除了水运以外，交通运输主要依赖于几条简易公路以及盘旋于悬崖峭壁的古栈道。随着迁往重庆的工厂越来越多，物资供应日趋紧张，物流成为制约重庆发展的瓶颈。

善于捕捉商机的王铭轩，不满足于钱庄生意的稳定和发展，他又把触角伸向物流业，开始筹划成立物流公司贸易货栈，以缓解成都、重庆物资供应紧张的局面。他决定在西安成立贸易货栈，取名"大千贸易货栈"，自任经理。

追求

王铭轩的故事

第七章

西安识汪锋　支持革命

1936 年正是中国向何处去的关键之时，这一年在中国发生了一件震惊中外的大事——西安事变。张学良、杨虎城两位将军扣押了不抵抗的蒋介石，后来在中国共产党的力主下，张、杨释放蒋介石，西安事变和平解决，促成了国共第二次合作及抗日民族统一战线的形成。此间为了对付亲日派重兵征讨西安，中国共产党派徐海东、程子华、王首道等将领率红军十五军团和杨虎城部下的许权中独立旅驻扎在蓝田至潼关一带，双方共同组成联合阵线，阻止国民党中央军对西安的征讨。巧的是，王铭轩的蓝田老乡派驻在许权中独立旅的共产党特派员汪锋也随部队来到蓝田。按照周恩来给汪锋的指示："认真做好地方军队工作，密切红军与友军的关系，整顿恢复地方党组织，放手开展抗日统一战线工作，广交朋友，团结一切可以团结的力量"，汪锋在蓝田开展了轰轰烈烈的抗日救亡运动。

听说家乡发生了这样大的事，王铭轩坐不住了，第三天就从成都匆匆赶回西安，想亲眼看个究竟。呈现在他眼前的景象是，西安城内一片慌乱，国民党政府派出 36 架飞机在西安上空低空盘旋示威，大街上到处是涌动的人群，手持《西北文化日报》的报童满大街高喊"号外，号外"，王铭轩买了一张，细细读起来。他为张、杨二将军的爱国举动所感动，同时十分赞同中国共产党停止内战、一致对外的主张。西安大街上，每走一段，都有身穿长袍的青年学生在慷慨激昂地演说。学生们在街头高唱《在松花江上》，东北军官兵和眷属听着听着，泪流满面，泣不成声。西安城内洋溢着一片浓浓的抗日救国气氛。

看了报纸上登载的共产党大官到西安的消息，王铭轩迫切想见见共产党人到底是什么样子。听说城北七贤庄有共产党的办事处，他无暇顾及钱庄的生意，立即赶往北城墙根。中共中央代表团下榻的地方就设在名叫七贤庄一号的一座普通院落里，只见从联络处大门出出进进的人，个个都很年轻，态度和蔼，平易近人，身上毫无国民党官员那种盛气凌人的架势。一个小姑娘模样的女红军还向王铭轩散发传单，其中有共产党的《八一宣言》和张学良、杨虎城救国的八项主张，王铭轩接过来一看，内容是改组南京政府，容纳各党各派，共同负责救国；停止一切内战，立即释放上海被捕之爱国领袖；释放全国一切政治犯；开放民众爱国运动；保障人民集会结社之政治自由；确保遵行总理遗嘱；立即召开救国会议。这是王铭轩第一次看到共产党的宣传材料，越看越觉得句句在理，说出了老百姓心里想说的话，尤其是"停止一切内战""开放民众爱国运动"这两条。多年来，中国的内战，尤其是军阀混战，老百姓饱受其害，王铭轩对此有切肤之痛，他的好兄弟卢财娃、胡怀义都是死于内战兵祸。目前，日本人侵略中国，大敌当前，中华民族应该团结起来、一致对外。

西安事变的和平解决，让王铭轩对共产党更加敬佩。十年内战期间，国民党杀了多少共产党人！如今，蒋介石被抓，周恩来、叶剑英等中共高级干部到西安参与处理"西安事变"，常人看来应该是"仇人相见，分外眼红"，可共产党却说服张、杨两位将军把蒋介石放了，这种不计前嫌以民族大义为重的胸怀和气量，中国哪个党派、哪个组织能做到？王铭轩越想越觉得共产党了不起，想和共产党人接触的心情越发迫切。

机会终于来了。1937年1月28日在蓝田西关召开了5万余人参加的纪念淞沪抗战5周年大会，王铭轩作为德泰祥钱庄老板也从郑州专程赶到家乡蓝田参加这次大会。5万多人的大会在蓝田历史上可谓盛况空前，大会由赵伯平主持并做报告，杨虎城部独立旅许权中、汪锋和红军十五军团的代表周碧泉出席大会。会场内外人山人海，五颜六色的标语贴满大街小巷，鲜艳的红旗在城头和西关会场迎风飘扬，用柏枝搭成的彩门也显得格外醒目。王铭轩有生以来头一次见到在蓝田有这么声势浩大的场面，他的心弦一下子被这沸腾的声音震撼了。他在想共产党真不一样啊，把这么多庄户人家发动起来绝非易事，共产党一出手就如此得民心，不同凡响，看来将来的天下迟早是他们的。

美国女记者史沫特莱和英国记者詹姆斯·贝特兰也由

王炳南陪同出席大会。大会庆祝西安事变的和平解决，宣传共产党《八一宣言》精神，宣传张、杨的八大主张，大会发表了《告蓝田各界人民书》等。会后数万群众手持彩旗、高呼口号，浩浩荡荡涌向街头游行。英国记者贝特兰多年后在他所写的《中国第一幕》一书中这样写道"这次大会使农民都被很好地武装起来了""这是一次武装示威""西北这场运动已经有了一个群众基础"。

会后王铭轩很想见一见汪锋和赵伯平这两位在蓝田进行革命活动、被家乡人传的神乎其神的共产党人。他大步来到县城穆家巷红十五军团驻地玉山考院，门前两个红军小战士持枪站岗，穿着不同服装的人进进出出，显得十分繁忙。王铭轩向岗哨说明来意后哨兵告诉他"汪锋同周碧泉刚巧在院内"。王铭轩小心翼翼走进院内，正想打听汪锋在哪个房间，只见一个个头不高、年约二十五六岁、身穿陕军独立旅军装的青年男子从房内走了出来，一开口便笑着说道："兄弟是汪锋，哪位找我？"王铭轩连声答应。汪锋笑着说："不知这位老哥找兄弟有何贵干？"王铭轩见此人是汪锋，不由自主仔细打量。只见汪峰态度和蔼、朴素实在，眉宇间透露着一股英气，浑身上下充满蓬勃向上的活力。他正想抱拳施礼，汪锋却微笑着将双手伸了过来与他握手。两人在院中一个石桌前坐定。王铭轩自报家门："兄弟王铭轩，蓝田白鹿原人，西安德泰祥钱庄经理，专程前来拜见乡党。"汪峰眼睛一亮，说道："先生莫非就是白鹿原赈灾救民的王铭轩先生？久闻先生大名，兴教办学、赈济灾民的事迹已在西安和蓝田广为流传。今日一见方知先生真乃热血男儿、爱国爱民之人。"王铭轩拱手说道："不敢当，不敢当！你和赵先生在家乡的大名早已如雷贯耳，也让兄弟十分佩服，你们在家乡闹革命，发动农民抗粮、抗捐、抗丁，后来又组织渭华起义，真是了不起。今日一见想不到你竟如此年轻、气度不凡，你们共产党真有能耐！"汪锋笑着说："王先生过奖了，实际上共产党人和老百姓一样都是极普通的人。"汪峰看到王铭轩是一个有正义感、积极向上的老乡，又进一步开导他："只是我们代表了穷苦大众的利益，为了普天下劳苦大众的翻身解放而奋斗。就像今天，为了抗日救亡我们大家走在了一起。往后凡是抗日的，大家都是朋友。今后抗日事业若有需要王先生帮忙之处，还希望你鼎力相助。"汪锋爽朗地大笑起来，王铭轩也大笑起来。最后王铭轩表示："今后有用得着兄弟的，绝不含糊。"这最后四个字包含了王铭轩后半生的心血意志与力量。两个人一见如故，谈得很是融洽。这时值班员喊开饭了，只见他们每人领到的只是两个红薯、一个黑馍、一碗玉米糊、一碟咸菜，汪锋挽留王铭轩一起吃饭，王铭轩推说有事便告辞出来。

　　王铭轩这次家乡之行同共产党的短暂接触，已使他对共产党有了新的认识。共产党人的生活简朴、谦虚礼让，尤其每个战士的民族自尊心和革命的乐观态度在他心灵深处产生强烈震动，受到一次深刻的洗礼。这，在王铭轩未来的人生中是一个及其重要的转折点。

从 1937 年 1 月与汪锋等人结识后，王铭轩就同这些共产党人有了不解之缘，成了好朋友。此时王铭轩在西安成立的公司——大千贸易货栈，也开始运作，从事贸易往来，同时又组织了 3 个运输队，承担西南、西北、山西、河南前线的军运任务，多次用自己的运输队，把重要的军用物资运送到前线，运送到陕甘宁边区。运输队多次遇到日军的轰炸，行程异常艰险，王铭轩多次身先士卒亲自带领运输队长途跋涉，特别是向中条山运输药品的驮队，他更是格外关照。不管是棉纱、药棉或是各种散剂、片剂、丸剂、酒精等物品，他都坚持给每匹骡子驮架上分别驮装，即使有骡马被炸翻，但是剩余的也能顺利到达前线。抗战的烽烟中，王铭轩看到的是一个个英勇不屈的身影，他们不为强暴、勇敢杀敌、誓死保卫家乡的英雄气概，给了王铭轩极大的鼓舞和力量。回到西安的第二天他就多方筹措，先从钱庄取出库存银两，又向兄弟公司拆借一部分，还不够，再向商界朋友、向老乡、向自己的亲戚，能想到的，能找到的，都找了一个遍，凑成一万块银圆，亲自驾车给省后援会送过去。一万块银圆在当时是非常大的数字，王铭轩一次捐赠。

随着战争的进展，战斗变得更加残酷。1940年后蒋介石南京政府停止向八路军、新四军发放军饷，并采取"防共""限共"等一系列反动政策，陕甘宁边区物质供应非常紧张。由于陕甘宁边区被国民党政府封锁围困，根据地生存更加困难。这时汪锋想起了西安德泰祥钱庄的王铭轩，请他想办法帮助解决边区急需物资。王铭轩利用商界的关系为边区政府筹措大批粮食、药品、布匹、茶叶等，他还用现洋将汪峰开出的物品清单一一落实，存放在东关仓库和大白杨仓库中，由西安八路军办事处的工作人员化装成商人直接从库中提货。

不久汪锋又再次登门，请他务必帮助把陕甘宁边区使用的"边币"兑换成全国流通的银圆。边币兑换银圆这可给王铭轩出了一个大难题。他久久地看着汪锋半天没说话。因为边币在西安根本不流通，边区与西安之间敌人封锁很严，一旦查出就是通共，就要杀头。但是汪锋交办的事就是风险再大，王铭轩也要干。"好吧，兄弟。"他攥了攥拳头。汪锋双手握住他的手，一时未能说出话来。之后王铭轩先通过存贷方式，直接付现洋给汪锋，然后又通过老友毛虞岑找到胡宗南部队的关系，开出了通往边区的通行证，再派人到陕北购买毛皮、盐巴、中药材，这样可以消化一部分边币。为了兑换更多的边币，王铭轩还利用自己在西安商界人缘好、脸面熟的条件，亲自到三原、泾阳、凤翔、宝鸡等地找那些经常到陕北做生意的人，先给他们提供边币，让他们到陕北使用，一单生意做完，王铭轩再派人用现洋结账，多退少补。兑换边币，说是兑换，实际上是帮助边区政府解决紧缺的硬通货，是纯粹的帮忙。王铭轩每次都大包大揽把边币收下来，并付给汪锋现银，而自己则想办法把边币化整为零，慢慢消化掉，兑换不了的、消化不了的，只能按坏账处理，总之不能让朋友吃亏。

抗战时期王铭轩和西北局共产党的联系是通过他在东关的仁太和大药房以及蓝田鹿走镇的中共地下交通站进行的。汪锋等共产党人从王铭轩那里究竟得到多少钱，为部队筹集多少给养，为边区解决多少急需物资，王铭轩从不记账，谁也说不清楚。

在抗战最艰苦的岁月里，党中央和陕甘宁边区通过两条战线打破了国民党的经济封锁，一条是实行生产自救，开展大生产运动，上至中央领导，下至普通干部战士，自己动手开荒种地、纺线织布、丰衣足食。另一条路是通过统一战线所开辟的各种渠道，与国统区做生意，发展贸易、搞活经济。两条战线所起的作用，一条相当于自己"造血"，另一条相当于从外部"输血"，相互配合，互相弥补，最终粉碎了国民党的经济封锁，使陕甘宁边区渡过难关。王铭轩作为西北地区共产党汪锋的朋友、我党重要的统战对象，在陕甘宁边区艰苦岁月里，冒着危险慷慨解囊，为边区克服困难、发展经济做出了不可磨灭的贡献。

1945年8月15日日本宣部投降，举国上下一片欢腾，王铭轩也和全国人民一道欢庆这一来之不易的胜利。然而蒋介石贼心不死，抗战胜利不到一年就向解放区发动进攻。解放战争是从李先念等领导的中原军区突围那一天正式开始的。这一重大事件又把汪锋推向了历史舞台的中心，历史也同样给王铭轩赋予了一个重要角色。

1946年6月26日蒋介石30万大军围攻中原解放区，以李先念、王震、郑位三等为首的中原军区奉命向北突围。7月，我军冲破敌人四道封锁线，到达陕南商洛地区。坐镇延安的毛泽东密切关注李先念一行的动向，在一个月内给中共中央西北局一连写了9封信，就中原突围后开辟陕南根据地做出了一系列指示。中共中央电令西北局做好接应工作，汪锋接到西北局命令后，立即带了5名随员从马栏出发，他化装成国民党少将，一路上还算顺利地到达了约定地点黄沙岭。9月中旬，汪锋和李先念相会在丹凤县，24日中共豫鄂陕边区党委宣布成立，汪锋任书记和军区政委。

豫鄂陕根据地的成立使国民党当局十分恐慌，他们发动了大规模的围剿，并进行严密封锁，根据地的经济变得力不从心，物资供应相当困难。这时汪锋又记起了王铭轩，想请这位老朋友再次出手，由于当时敌人在通缉他，不便出面，于是派一位叫赵子和的同志到东关仁太和大药房，秘密会见王铭轩。

　　一天自称"白鹿原货郎"的赵子和搭乘一辆马车来到西安东关。他首先通过仁太和药房的伙计打听王铭轩，小伙计告诉他王掌柜在东大街的大千贸易货栈。第二天赵子和又扮成进货的"齐老板"来到东大街。王铭轩正在贸易货栈上房内，听说一位买药材的老朋友寻访，立即将客人请到后房。双方一见面，王铭轩觉得客人面生，忙问道："老哥眼拙，请问兄弟尊姓大名，找我贵干？"赵子和回应道："王掌柜您真是贵人多忘事。咱们见过一面呀，我姓齐名林，做药材生意。今天想和王掌柜做一笔大生意，因为事关商业机密，我想和王掌柜单独谈一谈。"说着用余光扫了一下旁边的伙计。王铭轩立即示意伙计退下。赵子和压低声音说："不知王掌柜还记得汪锋不？"一听"汪锋"二字，王铭轩脸上倏然变色，马上制止道："先生慎言。"说完快步走出房门，见四下无人，又返回屋内，问道："先生是如何认识汪锋的？"赵子和没有正面回答，反而神秘地问道："王掌柜还记得'淞沪'二字吗？"王铭轩听到淞沪二字一愣，随后回答道："记得，记得，'胜利'！"原来王铭轩和汪锋在抗战期间多次接触，两人最后一次见面时，汪锋告诉他，今后如果有急事而他不便来找时，会派人来，联络暗号是"淞沪"回答是"胜利"。

确认了赵子和身份后，王铭轩喜出望外，连忙抱拳说："先生果然是汪先生派来的。我虽然不是共产党，确是共产党的朋友。国共和谈破裂后，西安形势紧张得很，50 万人的城市竟有五六千特务，他们四处搜捕共产党，动不动就抓人，闹得人心惶惶。这次不知汪先生派你来有何事，说出来，我一定照办。"赵子和直截了当地说："汪先生请你帮忙解决一些活动经费。"王铭轩说："眼下物价飞涨，德泰祥钱庄也很困难。既然汪先生求我，说明他比我困难。凑巧，货站还有 5000 元银票请拿去先用，以后若再有需要，尽管吭声。"王铭轩缓了口气继续说道："为了避免特务跟踪，不要再到货栈来，也不要去钱庄找我，接头地点改在莲湖公园的奇园茶社，那里人多嘈杂反而安全。"说完，王铭轩取出银票交给赵子和。赵子和说："下次来接头的也不一定是我。"于是双方约定了新的联络暗号，握手而别。

5000 元的银票对于处在敌人包围中的汪锋、对于艰难中的根据地乃至对于整个西北局来说，那可真是雪中送炭哪！

　　王铭轩所说的莲湖公园是西安具有悠久历史与文化的一处名园，是唐代西内太极空的正南门（承天门）所在地。明代秦王朱樉在这里建了一座自己的王府花园，利用其高低不平的地势，引注通济渠水，开凿人工湖泊，广植莲花，因此得名"莲花池"。清代对其进行疏浚，至1916年更名为莲湖公园。莲湖公园水面宽阔，微风起时，涟漪荡漾。湖心建有一岛，以假山、亭榭、园圃点缀风景，更有茶亭饭舍掩映其间，是一处纳凉休闲的好去处。

　　奇园茶社就设在莲湖公园。说起奇园茶社可不一般。它是当时中共中央社会部领导下西安情报处的秘密联络点，经理是西情处机要科长王释奇，他的公开身份是《秦风日报》经理。奇园茶社日常管理则由地下交通员梅永和负责。茶社大门两边有副对联，上联"奇乎？不奇，不奇亦奇"，下联"园耶？是园，是园非园"，横额为"望梅止渴"。这副对联巧含王释奇、梅永和这两位地下工作者的名字，暗含秘密联络之意。党内同志每逢来此，望其对联，会心一笑，有一种"到家了"的感觉。奇园茶社的投资人是西情处地下电台台长兼后勤负责人王志廉，他是我党领导下西情处的一名重要成员，其公开身份是"春生永车行"老板。起初西情处的秘密联络站设在西安碑林附近的府学巷 20 号，这里来往的人较多，为了避免敌特的注意，西情处决定再建一个联络点，主要负责和共产党的同情者及社会各界其他人士的联络，搞统一战线工作，搜集和传递情报，于是就建了这个以茶馆为掩护的第二秘密联络点。王铭轩因生意上的事情和王志廉多有来往，两人成为好朋友，而梅永和又是王志廉的把兄弟，如此一来王铭轩成了这家茶社的常客。可见王铭轩不仅是共产党高级干部汪锋的朋友，还是我党西情处的统战对象。

奇园茶社设在湖心岛上，位置僻静但来此谈生意的人却很多，成为西安城里三教九流、各类人物云集的地方。茶馆环境幽静，场地简洁不奢华，来客不分等级喝茶聊天，常常是茶客满座、人声鼎沸，谈起事来声音互相遮掩，这就给地下工作者提供了有利条件。

今天王铭轩就在奇园茶社与汪锋派来的李文同志接头。王铭轩拾级而上，来到奇园茶社，走进翠湖轩房间。伙计沏好茶，王铭轩脱帽坐定，静等李文和他接头。不多时一个头戴黑纱礼帽、身穿青色稠袍、鼻夹墨镜的人掀帘而入，看到此人这身打扮，王铭轩下意识站了起来，木讷地看了片刻，心里直犯嘀咕，这人不是李文，他是谁，敢进翠湖轩！不等他想明白，"久违了，王掌柜。"来人双手抱拳坐在椅子上。"是你，汪……"王铭轩话到嘴边又缩回去。"不错，是我！""你怎敢，外面狗那么多？""不入虎穴，焉得虎子，再深的龙潭我也敢闯！"汪锋气定神闲笑着说道。原本安排好李文来接头，但前几天他在执行另一项秘密任务时不幸被捕，事情十万火急，没有更合适的人选，汪锋便亲自出马。汪锋一边喝茶一边小声对王铭轩说："最近前线仗打得很激烈，敌后方我们的地下交通站又遭到敌人破坏，物资非常缺乏，现急需两车药品和7000块银圆。这是药品清单，3天后老地方接货。"所谓老地方就是东关仓库、大白杨仓库。说完，汪锋提高了声调："多谢王掌柜！大生意，大手笔呀，佩服，佩服。"挑帘，扬长而去。

1950年4月，汪锋在北京参加第一次全国统战工作会议后回到西安。他在中共西北局传达会议精神时讲道："我们要统一党内思想，提高对统一战线工作的重要性和必要性的认识，不要以功臣自居，忘记或者放弃那些曾经帮助和支持过我们的人，我们要着力解决和纠正'左'的关门主义倾向。"汪锋特别以王铭轩这个党外人士为例，印证西北局如何贯彻落实党中央统一战线精神的。他说："在长期的革命斗争中，在我西北局遇到一个又一个危难时刻，王铭轩伸出朋友之手、援助之手，帮我们渡过一个又一个激流险滩，走向波澜壮阔的海洋。他与我们共产党人风雨同舟、出生入死，忧国家之忧，急共产党之所急，这就是我党统一战线精神的光辉体现。"汪峰的话是对王明轩最中肯也是最好的评价。多年之后，汪锋再次见到王铭轩时拍着他的肩膀，诙谐地和他说道："感谢你呀，我们西北局的'提款委员'。"

从西安事变后，从认识汪锋的那时起，王铭轩对共产党就心悦诚服，感到这些人是国家栋梁、中国未来的希望，所以他帮助共产党义无反顾、不求回报。他一诺千金，只要汪锋交办的事，上刀山下火海也要办到，甚至不惜生命。在国共两党的斗争中，王铭轩的心里早已认准了共产党。他支持共产党，盼望中国共产党早日解放全中国，让全国的老百姓翻身解放，过上稳定的生活。

追求
王铭轩的故事

追求
王铭轩的故事

第八章

抗敌共义举　携手人生

1937 年，七七卢沟桥事变爆发，中华民族面临生死存亡的危机。王铭轩满怀一腔热血，立即投入抗日救国的伟大斗争中。他立即参加了西安工商界抗敌后援会，决心以实际行动抗日救国、支持抗战。王铭轩一次捐献了 50 大车物资，支援中条山抗战，受到陕西省各界后援会的表彰。

1938 年春，鉴于前线需要大批物资以及西安作为抗战大后方的地位，王铭轩收缩郑州钱庄的资金，在西安成立了"大千贸易货栈"。实际上，这个货栈是专为抗战成立的，他亲自兼任总经理，让"云中电"黄鹄担任货栈副总经理。3 月 16 日，西安大千贸易货栈在西安中山大街（今西安东大街）挂牌，正式营业。

1938 年 4 月 4 日下午 1 时，日军出动飞机数十架，对西安进行狂轰滥炸，居民死伤无数。日本军国主义想通过这种野蛮的空中轰炸逼迫陕军不战而降，不料，这种暴行激起三秦人民极大愤怒和反抗。

1939 年 5 月，日军集结第二十师团和第二十七师团一部，由运城、解县、安邑、夏县南下，配备野炮 50 门、战车 30 辆、飞机 38 架，向平陆芮城一线袭来，妄图夺取茅津渡、控制中条山。

中条山，位于山西省南部，呈东北—西南走向，东连太行山，南临黄河，西北为汾河谷地，西隔黄河，与秦岭相望。它屏蔽着洛阳、潼关和中原大地，拱卫着西安和大西北，俯瞰着晋南和豫北，真所谓"一山守三省"，其战略地位之重要，不言而喻。日本帝国主义集结重兵，企图拿下中条山，叩开陕西的大门。

1939 年 5 月 31 日，日军向驻守在这里的我陕军阵地发起全面进攻。6 月 3 日，陕军猛攻驻守张店镇之敌，经过数小时血战，日寇招架不住，丢下 400 多具尸体，仓惶逃窜。

在张店吃了亏的日军，6 月 6 日凌晨，集中兵力猛攻陌南镇，日军用密集炮火轰击陕军阵地，四五千名日军潮水般地向陌南镇扑来。

驻守陌南镇的陕军，顽强抵抗。但装备落后的陕军在火力上无法同日军抗衡，他们先从外围第一道防线退到陌南镇外，日军十几辆坦克摧毁了镇外防御工事。不久，阵地再次被冲破，陕军被迫与日军展开巷战。有的陕军战士抱着炸药和集束手榴弹从房顶上跳下，和敌人同归于尽。陈硕儒率一七七师残部退到陌南镇外，被日军追到了黄河岸边的方家村、许八坡、老庄一带。背后是黄河，前面是疯狂的日军，此时，年过半百的陈硕儒师长临危不惧，果断地命令全师 40 名机枪手排成一排，迎敌突围。正等着最后围歼陕军的日军联队，没有想到面临绝境的一七七师能杀回马枪，顿时乱了阵脚，眼睁睁看着包围圈被撕开一个口子，陈硕儒带着一七七师残部杀出重围，夺路而去。

6月11日，陕军向日军展开凌厉的攻势，誓报"六六"之仇，封锁了平陆境内南北要道张（店）茅（津渡）大道。用炮火封锁黄河河道，猛烈轰击平陆、茅津渡日军。至此，疯狂的日本鬼子被四面围定。6月12日，陕军从东、西、北三面向茅津渡展开反攻，战至黄昏，南犯之敌狼狈逃窜。陕军一举收复平陆、茅津渡，取得了重大胜利。

王铭轩的大千贸易货栈此时也全力以赴投入抗战。贸易公司组建了三个运输队，承担前线的军运任务，分别沿西荆公路（西安至荆紫关）、西汉公路（西安至汉中）、西兰公路（西安至兰州）、宝平公路（宝鸡至平凉）日夜不停地奔走。运输队多次遇到日机轰炸，行程艰险异常。

战时的公路，多是仓促修建的简易公路，路基质量差，时通时断，晴天尘土飞扬，雨雪天泥泞不堪。运输队队员冒着生命危险，走得十分艰辛。特别是运送军用物资，前线催得急，运输队日夜兼程，马不离鞍，人不住店，中途仅短暂休憩，就得重新起程。许多队员常常累得虚脱，驮骡曾因铁掌磨光而跌入悬崖。日机狂轰滥炸，防不胜防，运输车辆被炸时有发生。

随着战况越来越激烈，前线物资消耗越来越大，后勤供应更加紧张而又急迫。陕西省政府干脆直接征用王铭轩的驮队，用以运输苏联援华物资（主要是军火和药品）。抗日战争时期，我国海上对外贸易被日军完全封锁，陆上对外只剩下和苏联这一条通道，苏联援华物资由新疆入境，经甘肃，从长武县进入陕境，直至西安。这条唯一的西部对外通道还经常遭受日机轰炸。为了避免轰炸造成不必要的损失，省政府常将汽车上的物资改由驮队运输，不走大路，改由小道，甚至部分古驿道，将物资驮送至中原、华北战场和中条山前线。南下运输队，则由华（家岭）双（石铺）公路，经西汉公路，千里跋涉，经四川将军火运送至大西南。

王铭轩的运输队作为战时军用运输队，虽然运力有限，但为抗战做出了重要贡献。作为一家私营企业，王铭轩为此付出高昂代价。每次运输行程长达数百乃至上千里，十分辛劳，但运输队员一想到中条山的陕西同胞正在同日寇浴血奋战，纷纷表示："人家连命都不要了，咱苦点累点算什么！"运输队员克服各种困难，咬着牙关撑了下来。王铭轩身先士卒，多次亲自带领运输队赴前线，每次归来，累得形销骨立，瘦得没了人样，但能为抗战出力，他心里感到十分自豪。

陕西人民为中条山抗战做出了重大牺牲和贡献，阵亡的陕军战士达 2.1 万人，巍巍青山掩埋着他们的忠骨，每片黄土地都浸透了烈士的鲜血。

王铭轩决定，公司向省政府后援会捐献银圆一万块，支持陕军将士在中条山前线杀敌。第二天，他从钱庄取出公司全部库存银两，又向兄弟公司拆借部分资金，凑够一万块，亲自赶车送到省政府抗敌后援会，这是"后援会"一次收到的最大一笔捐款。王铭轩爱国义举，轰动了整个西安城。

王铭轩为支援中条山抗战捐资一万银圆的义举，在古城西安引起巨大社会反响，激发了各界人士爱国热情，同时引起西安玫瑰中学一名女学生的关注。这位小女子名叫马纯慧，出生于1923年，当时年仅17岁，家住西安甜水井18号，出身名门望族。

马纯慧幼年正是民国初期，束缚妇女的封建思想和精神枷锁受到时代潮流的强烈冲击。她就读于西安第一实验小学，在琅琅书声中度过了少年时代。她秉承家训，养成勤勉、娴淑、仁慈、博爱的品性，1938年秋考入西安玫瑰女子中学。她聪颖慧悟、学业拔萃，若不是日寇入侵，可能会像大多数城市知识女性一样，走上一条平坦宁静的人生之路。然而，日寇的铁蹄践踏中华大地，特别是日寇对西安的狂轰滥炸，城内死伤数万人，美丽的玫瑰女中再也放不下一张平静的书桌。中条山抗战的枪声，数万三秦子弟兵与日本侵略军浴血奋战，为了保卫大西北，多少好男儿献出宝贵生命。每一个中国人一想起他们，就感到骄傲。陕西作为大后方，在抗战期间为全国各个抗日战场输送兵员达300多万，18~45岁的青壮年几乎被征尽，陕西境内被日机炸死、炸伤的平民（不完全统计）达 10 万人之多。

正值豆蔻年华的马纯慧是一个爱国热血少女，日本侵略者的暴行使她十分愤慨，她和同学一道参加孙蔚如的夫人李定荫领导的中国妇女慰劳抗敌将士战地服务团，在西安及关中一带开展慰劳、募捐、宣传活动。

1939 年 6 月 19 日，省"妇劳会"获知一位老板在省后援会为支援中条山抗战捐献一万大洋，特派马纯慧和其他同学前去采访报道。一路上，马纯慧高兴得像一只小燕子，她从夏家什字出发，向后援会所在地新城广场一边蹦蹦跳跳、一边唱着歌走去。一路上，她想，捐款之人如此慷慨大方，必是一位经商多年的老商贾。然而到了新城大楼，见到的是一位个头不高、精神爽朗、英气逼人、30 多岁的男子，一见面就给她留下了深刻印象。当后援会的人告诉她，这位年轻企业家就是今天捐款的主角王铭轩时，她顿觉眼前一亮，想不到捐资万元的老板竟如此年轻、如此大气，让她好生感动。在接下来的采访中，马纯慧对王铭轩更是心生崇拜。王铭轩性格温和、头脑清晰、不卑不亢，那富于感染力、带有磁性的声音中透出一股睿智。王铭轩语言并不张扬，如行云流水般自然，说起这次万元捐款，他毫无慷慨激昂之态，更无矫柔造作之情，平平淡淡地说："这是一个中国人应当尽的责任。" 1 万银圆捐款，他竟以这样朴实的语言表达，马纯慧听得怦然心动。她想，这位王铭轩，若论经济实力，在西京城中并不算最有钱，但为抗战却是捐款最多的，如此慷慨，乃毁家纾难、爱国豪杰！她想着想着，不禁哑然失笑，为一个初次见面的中年男人，自己竟然想了这么多，不觉一片红晕飞上腮边，心头一阵发热。

就在王铭轩接受记者和其他学生采访时，他忽然发现马纯慧这位年仅十六七岁的少女，乌金般的眼睛眨也不眨地正望着自己出神，两道眉毛微微弯曲，眉梢上挑，点缀在一张白皙的脸上，黑色短裙，半圆袖白上衣，留着齐耳短发。王铭轩从这位少女身上突然感受到一种高雅、自然之美，他壮了壮胆子，主动回应这位女学生的目光。两人目光相遇，双方都像触电一样，王铭轩很快调整好自己的神态，继续回答记者提问。等采访完毕，王铭轩径直向这位少女走过去。

两人站在一片绿茵草坪旁，少女问道："想不到王先生年纪轻轻，竟把生意做得如此之大。先生慷慨捐资，支援前方抗日将士杀敌，如此深的爱国情怀，实在令人钦佩。敢问先生做何生意？府上在什么地方？"

铭轩答道："鄙人的生意谈不上大。我在西安德泰祥钱庄做事，去年又在东大街开办一家大千贸易公司，规模有限，惭愧得很。至于姑娘谈到鄙人爱国一事，这是咱们每个中国人应尽的义务，'国家兴亡，匹夫有责'，比起抗战前线那些流血牺牲的兄弟，我所做的微足不道。敢问姑娘，在何处读书？芳名如何？"

少女说道："王先生如此谦恭，更让人起敬。小女子在省城玫瑰女中读书，名叫马纯慧。今后为了宣传抗战，还得麻烦先生支持帮助。不知先生是否愿意？"

王铭轩当即答应："包在我身上！今后但凡你们战地服务团需要用车、用人、用钱，你只要说一声，我照办就是！"

王铭轩快人快语，毫不含糊，让马纯慧好生感动。二人边说边聊，不觉半小时过去了，仍意犹未尽。在后来的抗日救亡活动中，王铭轩果然履行诺言，马纯慧对他更为敬慕，两人很快成为好朋友。

马纯慧和王铭轩由朋友变成恋人，感情的升温竟然是因为王铭轩一次冒死为前线运送军粮受伤而引起。

1941年10月2日，日军数万人在飞机、大炮的掩护下，兵分多路从黄泛区渡过黄河进攻郑州。王铭轩闻讯，连夜从西安赶赴郑州。因为这里有他的钱庄分店，还有贸易货栈的库房，为了不使那里的物资因郑州陷落而落入日寇手中，所有公司及企业都在迅速撤离。然而，不等王铭轩安排妥当，日军已强渡黄河，直逼郑州而来。与敌激战于郑州之西的正是中条山英勇抗击日军的陕军十七师！王铭轩见一时难以撤走，且闻陕军将士正与日寇激战于古荥泽和纪信庙，官兵坚守阵地已三天三夜粒米未进，受前线指挥官调遣，王铭轩亲自押送两车面粉和炒面，一前一后赶往官庄前线指挥部。他令车夫孙胡赶着一辆三匹马拉粮车，自己乘坐另一辆马车紧随其后，直奔官庄。不巧途中被一架日机发现，日机不停地用机枪扫射、炸弹轰炸，孙胡赶着马车跑跑停停，和敌机玩起捉迷藏，结果一枚炸弹落在马车前面十五六米处，弹片一下炸死两匹骡马，车夫孙胡也被炸断一条胳膊。巨大的气浪将坐在后车的王铭轩一下掀了出去。幸运的是，面粉袋挡住了弹片，王铭轩并无大碍，只是浑身上下被炸起的沙石擦伤多处。

　　虽然只剩下一辆马车平安到达官庄，但王铭轩冒死送粮上前线，使将士们深受鼓舞，有这样好的百姓，守军信心倍增。战场上交战双方不仅是拼军事，同时也在拼后勤、拼物资供应，粮食供应有时成为最大的战斗力。日军虽然一度占领郑州，但孤军冒进，后勤接济不上，被赶来的八路军和陕军团团围定。日寇怕被歼灭，放弃郑州连夜北逃，结果日寇一个旅团长被十七师一个旅包围于郑州西北的张沟村附近。敌军为救长官，用飞机将其接走，而残部悉数被歼。王铭轩趁日军撤出郑州，连忙组织钱庄与货栈疏散，将资金撤回西安，郑州仅剩搬不走的空房子和设备。

　　王铭轩到前线运粮负伤的消息早已传到西安。他前脚到家，省工商界抗敌后援会及省妇女战地服务团立即派人前来家中慰问。玫瑰女中的马纯慧自然也在其中。其实，王铭轩只是受了一些皮外伤。尽管并未伤筋动骨，但浑身上下青一块紫一块，看起来有些吓人。等慰问的其他人员走后，马纯慧单独留了下来，见王铭轩伤成这个样子，心疼不已，泪水如断线珍珠簌簌落下。她见王铭轩房子脏乱不堪，极爱整洁的马纯慧便连忙手脚不停地打扫起来。回想这几年来，王铭轩对战地服务团的支持，要钱给钱，要车派车，为抗战慷慨解囊，从不吝惜钱财。王铭轩一腔爱国之情，打动了马纯慧那颗纯真的少女之心。

1941 年秋，马纯慧从西安玫瑰女中毕业。这一年她正好 18 岁，豆蔻年华，如花似玉，一身淡装衬托出她超凡脱俗的高贵与自然美。多年的传统文化教育以及参加抗日救国活动的洗礼，使她成熟许多，遇事很有主见。中学毕业后，慕名前来求婚的男子络绎不绝。然而马纯慧喜欢的是心怀大志、阳刚成熟的男子。特别是在抗战时期马纯慧亲眼看到，人的生命在战争中如朝露一样短暂，小草一般柔弱，国难当头，更坚定她要嫁一个有爱国情怀又有英雄气概的男人。通过几年来的接触，她从王铭轩身上发现了这些闪光的亮点，从第一次见面起，她对他就有一种异样的感觉。当王铭轩从前线负伤归来，一种蕴藏已久的女性悲悯之情油然而生，关爱王铭轩的情愫使她不由自主来到王家。也正是这一时刻，她清醒地意识到，也下决心一定要嫁给王铭轩。

王铭轩从第一次见到马纯慧这个衣着淡雅的小姑娘，接人待物大方洒脱，给他留下一种"清水出芙蓉，天然去雕饰"的感觉。他从心里喜欢上这个充满着青春与浪漫气息的女学生。几年来，马纯慧多次参加妇劳会、战地服务团等抗日救亡活动，只要是为了抗战，只要是马纯慧参加的活动，王铭轩都像大哥哥一样不遗余力支持。在马纯慧面前，王铭轩感受到一种青春活力与朝气，仿佛自己也变得年轻了许多。从马纯慧簌簌落下的泪水中，他猛然感觉到，自己今后的一生可能要与眼前这个年轻女子走在一起了。

王铭轩养好伤后，于1942年正月正式派人向马家提亲。马老太爷和夫人对王铭轩的提亲，很是慎重。他们对王铭轩的大名早已知晓，人品和经济实力也有所耳闻，唯一担心的是年龄差距，女儿和王铭轩差20多岁！他们不愿让女儿受丝毫委屈，所以，老两口想先听听女儿的意见。马纯慧是个绝顶聪明、很有主见的女子，听父亲征求她本人意见，早已芳心暗许的她，出于对二老的尊重和少女特有的矜持与羞怯，便说让父母"看着办"，然后羞红着脸跑了出去。父亲见女儿实际上已应允，顺水推舟同意了婚事，两家很快磋商有关婚嫁程序。

王铭轩和马纯慧的婚期定在1942年农历三月初三这一

天。这个日子是一年最富有浪漫色彩的上巳节，是男女寻春踏青、谈情说爱的季节。一大早，王铭轩头戴礼帽，两边插着簪花，身着贡呢黑色大衫，足登锃亮的黑皮鞋，让司机开着刚刚购买的那辆黑色轿车，在唢呐声中，车子从西安建国路家中出发，向西门内甜水井马家驶去。王铭轩作为西京有名的爱国商人，他的婚礼轰动了半个西安城，而马家又是甜水井一带的名门望族，因此，前来恭贺的各方嘉宾络绎不绝。婚庆典礼设在西安饭庄，这是当时西京城中屈指可数的一家饭店，"西安事变"期间，杨虎城、张学良两位将军曾在这里设宴招待中共代表团周恩来、叶剑英一行。王铭轩、马纯慧结婚的这一天，西安饭庄内外高朋满座、宾客如云。当马纯慧身着一身白色婚纱出现在婚礼上时，她那白皙、靓丽的身影如同电影明星般吸引了人们的眼球，博得宾客一阵又一阵夸赞。

婚礼结束，新人进入洞房，王铭轩与马纯慧二人感到无比幸福。对马纯慧倾慕已久的王铭轩来说，这位出身书香门弟、知书达理的女子，是上天赐给他的最好礼物，他将用终生的爱去呵护她。马纯慧决心用她的善良、温柔和体贴，回报心仪已久的王铭轩。

新婚过后第三个月，王铭轩当众宣布马纯慧出任华兴面粉厂总经理，全权负责厂内一切事务，同时负责大千贸易货栈的业务管理。这样一来，王铭轩可以腾出精力，集中经营德泰祥钱庄以及四川、河南两省的生意。马纯慧这位知识女性，不但是王铭轩生活上的伴侣，而且成了他事业上的得力助手。

追求

王铭轩的故事

第九章

浓情牵故里　慷慨解囊

在很久很久以前，有一只苍鹰受到神的启示，从天宫经过一段遥远的路程飞到了一块叫作"绿宝石"的地上。苍鹰来到这块绿宝石上，很失望，本以为是一个美丽的地方，没想到却是一片荒芜的土地。没有水，土地皲裂，河床干涸，牛羊将死，人们奄奄一息。怎么办？天神告诉它，只有水才能救活他们。水在哪里？天神意味深长地说："在方圆八百里的火焰岛的后面，有一个清澈的蓝玉湖。但是没有人能穿越火焰岛。看你的心是否真诚，是否有这个胆量了。"一股力量在鼓舞着苍鹰，它勇敢地张开翅膀，飞向火焰岛。烈火像无数条毒蛇舔舐着苍鹰的身体，苍鹰疼痛难忍，多少次要跌进火焰的海洋，但一股力量在鼓舞着它，冲破眼前的一切，要找到蓝玉湖……苍鹰终于找到蓝玉湖。蓝玉湖像一块蓝宝石镶嵌在大地上。碧蓝的湖水，温柔地荡起涟漪，似乎在等待苍鹰的到来。苍鹰一个俯冲，迅速来到湖边。没有家什怎么运水呀？灾民、牛羊都会死去。用嘴含着水飞回去！一口水能管什么用呢？一股力量在鼓舞着它，一口一口，积少成多。苍鹰勇敢地往返两地之间，每次都要经过烈火的考验。不知过了多久，往返几千回、几万回，有一次累得昏了过去。又不知过了多久，它终于醒来了。乡亲们围在它的周围，给它喂水，给它疗伤，牛羊也在一旁欢快地叫着。苍鹰站了起来，不远处是一个巨大的湖泊映在眼前，水波相连。树绿了、草绿了、庄稼地绿了，人们有说有笑，牛羊也在撒欢。

苍鹰的使命已经完成。乡亲们恋恋不舍地为它送行，苍鹰看了看送行的人们，振翅冲向蓝天，在空中盘旋一周，回眸再次看一眼这绿色大地，昂首向更高、更远的天空飞去……

王铭轩一生为国为民做好事，捐钱、捐物已无数，凡是利国利民之事，他毫不犹豫，倾囊相助，一如这只苍鹰。

事情先从1929年那场惨绝人寰的年馑说起。

20世纪20年代末期，是陕西人民多灾多难的年代。1926年，河南军阀刘镇华围困西安城达8个月之久，将这个千年古都变成了一座鬼城，1927年，西安和关中地区刚刚恢复一线生机，第二年便出现严重的干旱。1928年中秋节前夕，王铭轩离开郑州回西安。当车子进入潼关后，大地像火烤一般，河流干涸，田地龟裂。渭河滩上，黄沙漫漫，两岸湿地中仅有星星点点的绿色，几天的行程，车队如同在沙尘暴中穿行一样。官路大道上，蓬头垢面的乞丐结伴到临近的山西、河南逃荒。过了灞桥，望见灰蒙蒙的西安城，王铭轩悲从中来，回想起两年前围城中的西安，几万人饿死街头的惨景如同眼前。人祸刚过，天灾又来。心情沉重的王铭轩在西安办完公事，便急匆匆赶回白鹿原。

当他回到前卫村时，发现由于干旱，村民连吃水都十分困难。由于长时间无雨，水位下降，几十丈深的井里打上来的仅是半桶浑浊的泥水，村民用白矾沉淀后方能饮用。昔日流水潺潺的荆峪沟，只剩下胳膊粗一股水，被四村八寨赶来汲水的人争抢得几近断流。眼前的旱情比光绪二十七年（1901年）来势更加凶猛。王铭轩发现，自己家里餐桌上，野菜、榆树皮做的面条已悄然摆上，见此光景，他没有心情再住下去，不等中秋节结束，第二天一大早便踏上了返回郑州的归途。

第二年，即1929年，旱魔以更加肆虐的态势袭击三秦大地，史称"民国十八年年谨"，全省92个县全部受灾，饥民始赖草根、树皮、油渣、糠秕度日，最后，连草根、树皮也吃光了，数百万人因饥饿死亡。灾害最严重时，出现"易子相食"的惨剧。陕西省政府上报中央政府的文件称：陕西全省200万人饿死（实际饿死者超过300万人），另有200万人流离失所，800万人以树皮、草根、观音土苟延性命。《蓝田县志》记载："民国十八年（1929年）秋冬大旱无收，粮价每斗七八元，百姓剥榆树皮、草根充饥，秦岭竹实入米，可充饥，次年竹枯。"

民国十八年年馑，虽然是以"民国十八年"为年号，实际上是指民国十八年（1929年）至民国二十一年（1932年）延续四年的大饥荒。究其形成的原因，既有天灾，更有人祸，是天灾人祸双重因素造成的灾难。军阀混战与暴政，是酿成这场大灾难的主要因素。地方政府不作为，不顾老百姓死活，不兴修水利，以致陕西抵御水旱灾害能力大大降低。灾害发生后，军阀又变本加厉敲诈勒索、鱼肉百姓，使陕西灾情雪上加霜。

自 1928 年中秋节探亲归来，王铭轩在郑州的生意刚刚起步，面临一系列困难：资金短缺，揽不到大生意，只能小打小闹，勉强持平。贸易行栈，由于商队运输需要人手多，食宿等开支大，利润实在有限。王铭轩一面为打理生意而煎熬，同时每日传来家乡饿死人的消息更使他寝食难安。他在郑州坐卧不宁，便借进货之际再次回乡。1929 年夏，他回到西安，在东关市场上看到一种新出现的"生意"——"人市"，夫卖妻，父卖子；被卖者头插标草，眼泪早已哭干，只求有一口救命饭。十八九岁的大姑娘只卖 10 块银圆，结过婚的女人只能卖到两三块银圆，不少妇女被贩到外省倒卖。王铭轩忍不住感叹道："这场大灾荒造成多少人间悲剧！"

在东关市场上，王铭轩巧遇来西安的大弟家富，家富告诉他，前卫村已饿死不少人，包括王铭轩的私塾同学郗黑蛋和刘寅虎都已相继饿死。王铭轩听后悲恸万分，幼年时和黑蛋、寅虎一起读书的情景不由得闪现在眼前。他心里乱得很，无心进货，一心想着救人要紧，第二天立即用自己的进货款高价购买了 30 石粮食，亲自押送回白鹿原。他让大弟家富、二弟太平将粮食挨家挨户送给在死亡线上挣扎的家庭。30 石粮食，并不多，但救了白鹿原多少人的性命啊，这块土地会记住他，这里的乡亲会记住他。

陕西人民好不容易熬过了"民国十八年年馑"（1929—1932年）。大灾过后，王铭轩又一次回到家乡。闻听救命恩人回来了，乡亲们纷纷赶来看望。第一拨访客中，有一位村上最年长的老者，86 岁的嘉顺老人，他是看着铭轩长大的。老人默默无语，一个劲地吧嗒吧嗒抽着旱烟，铭轩感觉老人家似乎有话要说，却一副欲言又止的样子，连忙问道："嘉顺爷，你老有啥话尽管说，只要我能办到的，一定办！"老人磕磕旱烟锅，脸上显出一副为难的表情，说："我要说的事不大也不小，就是咱前卫小学要修缮房子，想让你给筹点儿钱。民国十八年年馑，你花高价给咱白鹿原买了 30 石救命粮，这一次，乡亲们实在张不开口再向你要钱了。大家都知道，你挣那点儿钱不容易，可学校的房子不修不行啊，万一房塌了，伤了学生娃娃可了不得！想了半天，我还是拉下这张老脸，来求你了。"

王铭轩回应道："嘉顺爷，看您说到哪里去了！你让木匠算个价，等明天咱一起看看现场，再说钱的事。"

第二天一大早，铭轩和嘉顺爷以及村上另外两个德高望重的老人，来到学校所在地玉皇庙。只见这座百年小庙破败不堪、屋漏顶陷、岌岌可危。设在大殿内的教室，窗棂残破不堪，大风小风皆可穿过。年幼的学童和授课的老师就是在这样的危房陋舍中上课！看完大殿，走出校门，只见离校门数丈之处，有一积水池，池中污水发臭，水面上长满了绿藻浮萍。王铭轩心想，学童大多好动爱玩，每逢盛夏，总喜欢戏水，水塘离学校这么近，实在让人担心。一边看，一边想，他越想心里越感到不安。眼下，尽管他经济上不宽裕，要花钱的地方很多，但教育孩子是百年大计，学校房子这么危险，一天也不能耽误。想到这里，他当即向几位老人表示，他捐助 1000 块银圆帮助村里修建学校。3 位老人高兴得不知说什么好。

前卫村用王铭轩捐助的 1000 块银圆，重修和新建了 5 间教室，将古庙屋顶修葺一新，还开辟了一块操场。后来，王铭轩又出资在学校的西边再建厦房 3 间，南、北两间用作教师的办公室兼寝室，中间一间留作校门过道，方便师生出行，这样就使学童们避开了水塘。他特意将校门修建成水磨砖门楼，横额上镌刻着"为国树人"。这四个大字是王铭轩专门为学校写的校训。修葺后的前卫小学，面貌焕然一新，村民感激王铭轩又为家乡做了一件大好事。

幼年时，由于家贫、生活所迫，王铭轩未能完成学业，成为他的终身遗憾。也许就因为这个原因，重教兴学成为他一生的夙愿，他发誓一定要让后辈以及村上的孩子们有学上。凡是教育上的事，他总是一掷千金。除了他的母校前卫小学以外，村北的巩村小学也倾注了王铭轩一片爱心。

这是一所名牌学校，是辛亥革命后国民政府修建的，始建于1922年春，校名为"区立蓝田第一小学校"，国民党元老于右任为其亲题校牌。巩村小学也是蓝田县最早宣传革命思想的阵地，早在20世纪30年代教师中就有好几位中共地下党员。1930年6月，中共陕西临时省委曾在这里召开了第二次扩大会议。1938年，王铭轩向该校捐献了小麦4万斤，修建教室5间。1941年，通货膨胀，法币贬值，教师薪金大大缩水，难以维持生计，国民政府又不给增加工资，导致教师纷纷辞职离校，巩村小学面临倒闭的窘境。王铭轩得知后，又挺身而出，自己出资，将教师的薪水由每月1万法币提高到2万法币，而且补发了拖欠的工资。离校的教师又陆续返校，面临关门的"巩小"又传出孩子们的一片琅琅书声。1943年，为了改善巩村小学的教学条件，王铭轩又捐资5000块银圆，在位于村中间的关帝庙内，重新修缮教室5间，为幼童就近入学提供了方便条件。

1940年，蓝田县终于创办了第一所初级中学。当时仅有校舍6间，教职工18名，学生180人。因为资金困难，校舍破烂，连正式课桌都没有，上课的桌凳都是学生从家中自带的，高低不齐、大小不一，看上去颇为寒酸。蓝田县教育局局长和中学校长亲赴西安找王铭轩，请他资助修缮中学校舍、打制新的桌椅板凳。王铭轩听说蓝田有了中学，喜出望外，答应全部费用由他个人承担，并承诺一周之后亲自将银圆送到学校。

作为德泰祥钱庄和大千贸易货栈老板的王铭轩，他为什么一定要亲自把银圆送到学校？王铭轩是个很讲究礼仪的人，亲自把捐款送到学校，以示他对这所学校的重视；另外考虑到县教育局和中学校长为此亲自到西安拜访他，现在他亲自把钱送上门，在礼节上以示对这两位主管领导的尊重。

谁也没有想到，此次送款之行，使他差一点儿搭上了性命。

那是 1944 年的春天，正是杨柳吐翠、春花绽红的季节。王铭轩让车夫白鹏赶着一辆三驾马车，拉着他和 8000 块银圆，向蓝田县立中学驶去。傍晚时分，天色暗了下来，路两旁尽是高低不平的丘陵和草木茂盛的树丛。当马车行驶到一个叫老牛坡的地方时，突然听得车前有人厉声喊道："站住！想从此路过，留下买路钱！"只见路旁树丛中跳出两名蒙面汉子，手中各执一把寒气逼人的鬼头刀，凶神恶煞般一左一右拦在车前。车夫白鹏急忙跳下车来，用手勒紧缰绳，刹住车，吓得不知所措。只见其中一劫匪飞快跳上马车，一刀挑开车帘，揭去箱子上的毡毯，看见白花花的银圆，抓起来便往衣袋里塞，装满了衣袋，便匆匆下车。另一个劫匪照着他的样子，也把衣袋装了个鼓鼓囊囊。王铭轩久闯江湖，这种场面见多了，他发现这两个劫匪衣衫褴褛，身材瘦小，一上来，抢点儿钱就要走，便推测这两个人必是穷家小户出身，而且刚刚出道不久，尚不十分凶恶，于是哈哈大笑起来。听见笑声，一劫匪将刀架在王铭轩的脖子上，另一劫匪说道："你死到临头，还敢笑话我们弟兄？"王铭轩面不改色，从容答道："乡党，我不是笑话你们，而是笑两位好汉不会办事。既然缺钱花，何必拿这么一点？我教你们一个多拿钱的办法，把裤子脱下来，扎住裤脚，然后将银圆装进去，一前一后搭在肩上，岂不更好？"劫匪害怕中计，两人交换了一下眼色，一劫匪用刀紧紧架在王铭轩脖子上，另一劫匪按王铭轩说的，装了满满一裤子银圆，另一个劫匪也如法炮制，扛了钱袋，慌慌张张地钻进树丛中。

王铭轩和车夫白鹏赶着马车赶紧向蓝田县城奔去。惊魂未定的白鹏一边扬鞭催马，一边问："王掌柜，你干吗教他们多拿？劫匪一开始把衣袋装满要走，咱们马上跑，岂不是少受损失？"

王铭轩笑了笑，说："这你就不懂了！劫匪第一次拿的少，走路走得快，万一返回来再抢，怎么办？你再看，这两个人是刚出道的穷小子，没有见过这么多钱，我让他一次拿够走人。即使他们想再赶回来抢第二次，你想，背着那么沉的银圆，也赶不上咱们啊！"

白鹏一听，恍然大悟，说："还是掌柜高明！"

马车一路上快马加鞭，晚上 11 点光景到了大车店，一清点，劫匪抢走 2000 多块银圆，当晚就向县长房向离报了案。王铭轩是蓝田县名人，此次押款回乡又是资助教育的善举，在本县辖区遭劫，房县长听后勃然大怒，立即找来警察局长，命令他尽快破案。第二天中午，王铭轩应邀来到县政府，只见房县长办公桌上摆着一叠叠银圆，数了数，不多不少，2008 块银圆，正好是被劫匪抢走的那个数目。王铭轩见状，连忙致谢，说："房县长办事效率高，一夜工夫就破了案，令人佩服！"房向离满脸堆笑，说："王老板为教育捐赠善款，半路遇劫，抱歉得很。今后，您再回乡，提前打个招呼，我派人好好保护你这财神爷，不能让你在我管辖的地面上再出半点儿问题！"当晚，蓝田县政府设宴答谢王铭轩，教育局长、中学校长以及破案有功的警察局长出席作陪，房县长对王铭轩资教善举再次表示感谢。一个星期之后，蓝田县政府又向王铭轩颁发了"重教兴学，为国育才"的牌匾，并送到西安德泰祥钱庄。可惜的是，这块牌匾在动乱中被毁。但是，王铭轩这段传奇故事至今还在白鹿原广为流传。

王铭轩所做的好事不仅局限于兴教赈灾，他还热心于社会公益事业。西安灞桥区高桥镇以东至长安县炮里乡尚家村以西，有一条从塬面通往坡下的道路，人称"八里坡"，是西安通往白鹿原的一条重要通道。这条路因年久失修、雨水冲刷，路面凸凹不平，崎岖难走。1947年，王铭轩联系到高桥镇的王老五，两人商定，由王铭轩出资1000块银圆，王老五负责雇请民工，采用"中甃料姜石，两旁凿沟"的办法，重新修筑。重修后的"八里坡"，路基坚实，大大方便了行人商旅出行。同一年，王铭轩又出资修复拓宽了神鹿坊弯道。这条弯道由于坡陡弯急，路面倾斜，逢雨积水，路面沟壑纵横，车行至此，常陷其中。王铭轩出资修复后，神鹿坊弯道大大改善，不再是畏途险道。

风风雨雨半个多世纪过去了，"八里坡""神鹿坊弯道"早已不复存在，但王铭轩修路的善举，至今还为白鹿原人称道。

1949年新中国成立以后，土改尚未开始，王铭轩就将前卫村老家中100多亩地，除留下十多亩用于维持家庭生活以外，其余百多亩土地全部无偿给了村中无地或少地的贫苦农民，这一举动被誉为"民主和平土改"的先行者。1950年，蓝田再遇大旱，白鹿原庄稼颗粒无收，全县受灾面积达39.4万亩，粮食减产1970万公斤，许多农户缺粮断炊。在此关头王铭轩又一次为国排忧、为民解难，他一下子购买了100多石粮食，送回前卫村，派人挨家挨户分粮，解救家乡饥馑。同时，他告知乡亲们："无论谁家，只要生活有困难，可直接到我的面粉厂扛面粉！"当地老百姓感动地说："王铭轩，白鹿原人的福分！"

王铭轩在他生命的最后岁月里，仍然感到他为家乡做的事还不够，有些应该做的，还没来得及做，成为终身遗憾。夫人马纯慧在他逝世后，继续为白鹿原捐款扶贫、兴教，延续着丈夫未竟的遗愿。

王铭轩，他的心像金子一般闪闪发光、像水晶一样纯净透亮。

追求

王铭轩的故事

第十章

200两黄金　拳拳之心

1948 年 4 月，西北野战军发起西府战役，将战线推向国民党统治区，5 月初，我党数万大军直捣胡宗南的后勤供应基地宝鸡，西北战场捷报频传，西安解放指日可待，胜利在望。

这时，汪锋同志托人告诉王铭轩，让他尽早考虑革命胜利后参与国家建设方面的事。王铭轩迅速撤出了德泰祥钱庄在西安的资金，成立西安建国化学制药厂，自任董事长，夫人马纯慧任厂长，本家两个兄弟，一个赶马车运货，另一个在厂内烧锅炉，制药厂就设在建国路附近。1949 年元月，王铭轩又成立了西安新华石棉器材公司，亲自担任经理。王铭轩用实业迎接新中国的诞生。

"天亮了，天亮了！"随着辽沈、淮海、平津三大战役胜利结束，国民党精锐部队被歼灭殆尽，历史已吹响蒋家王朝覆灭的号角，一首划时代的歌曲，开始在中国大地上到处传播："解放区的天是明朗的天，解放区的人民好喜欢，民主政府爱人民呀，共产党的恩情说不完呀……"

随着这首歌曲的流传，历史前进的步伐不断加快，中国人民盼望已久的人民民主政权——新中国已在地平线上喷薄欲出，人们已清楚地看到新中国航船的桅杆，历史正揭开崭新一页。

1949 年 5 月 20 日，西安解放了，这座十三朝古都终于回到人民手中。汪锋、赵伯平等中共领导人，在戎马倥傯中，并没有忘记昔日支持过共产党的爱国人士王铭轩，汪锋同志几次让西安市委书记兼市长贾拓夫给王铭轩捎信，赵伯平同志也委托蓝田县人民政府县长孙生贤找到王铭轩。蓝田县政府派李文找到王铭轩在前卫村的家人，让家人转告他：家乡已经解放，有关领导很关心他，让他速回。王铭轩接到家人来信，只身返回西安。

由于战争创伤，解放初期的西安，经济形势十分严峻。金融市场是经济形势的晴雨表。1949 年 5 月 25 日，中国人民银行西安分行发行人民币收兑银圆，牌价为 340 元兑换银圆 1 枚，不到 10 天，则变成 550 元兑换 1 枚银圆。1949 年 7—11 月，西安市物价上涨了 1.5 倍。到了 1950 年年初，通货膨胀更加严重，物价再次呈现大幅上涨趋势。工商企业生产和销售面临严重困难，产品滞销，许多工厂倒闭，商店停业，失业人员不断增加。1950 年下半年，西安市面粉行业 50% 以上产品卖不出去，全市 66 家面粉厂有一半倒闭，其余开工者也有一半以上的设备停工待料。火柴厂有 4 家关门，两家计划逐步停产，中南火柴厂日产火柴由 120 箱锐减至 80 箱，每箱成本 20 元，而市场售价仅 12~13 元。

面对如此严峻的形势，新生的人民政权西安市人民政府采取一系列紧急措施，对私营工业实行加工订货、收购包销，对一部分涉及国计民生的产品纳入国家计划，由国家分配生产任务，实行以产定销，并帮助企业增产节支，减少非生产人员。对私营商业，政府通过调整经营范围和批发零售差价，让其有利可图。这一系列措施实施后，很快见效，到 1950 年年底，西安市工商业总户数不仅没有再继续减少，反而增加了 615 户。

王铭轩目睹共产党执政后为恢复国民经济所做出的艰苦努力，这和他经历过的北洋军阀时代和国民党时代形成鲜明对比，那些反动政府只知道搜刮民财，哪管老百姓的死活！他再一次感受到共产党领导的人民政府确确实实是为人民谋利益。

解放后，时任西北局统战部副部长的汪锋对王铭轩十分关怀，王铭轩从四川一回来，汪锋就多次到他家看望，鼓励他积极参加恢复家乡的经济建设。当时的"和合面粉厂"是西安市最大的一家面粉厂，王铭轩是最大股东并担任董事长，当这个与老百姓生活直接相关的企业面临困难时，政府出台政策予以扶持，国家定产包销，大幅度降低赋税，工商税按率计征，盐税减半，货物税由 1136 种减少为 358 种，同时改革工资制度，实行定员定额，不仅大大减轻了企业负担，还改善了生产经营，使企业很快渡过难关。

王铭轩亲身感受到共产党对私营工商业的关怀，体会到共产党的执政能力，他决心竭尽全力，为恢复国民经济建设做出贡献。

建国之初，当许多企业家还在观望、犹豫、彷徨时，王铭轩率先斥巨资在西安开办了一家医院，医院设施齐全，有病床 30 张，聘请名医苏树森为院长，惠敬礼为主治大夫。这家医院在建国初期对于稳定社会、方便周边群众就医，发挥了重要作用。

他还响应政府号召，积极认购国家建设公债，支援国家建设。不久，他将个人私营的华兴面粉厂和当时与西北局合资的新华西北石棉建筑器材厂直接捐献给了国家。

1953 年 7 月，王铭轩又将他的建国医院全部资产以及医疗器械无偿捐出，这家医院后来成为西北印染厂医务所。

抗美援朝战争打响后，"中国人民保卫世界和平反对美国侵略者委员会"（简称"全国抗美援朝总会"）向全国人民发出了"捐献飞机大炮，打败美国侵略"的号召。要求全国各界爱国同胞，不分男女老少，开展爱国增加生产、增加收入的运动，用新增加收入的一部分或全部购买飞机、坦克、大炮等武器，捐给中国人民志愿军。全国人民积极响应，踊跃捐钱、捐物，在全国掀起一股爱国热潮。

王铭轩又再一次走在时代大潮的前面。6 月的西安已经进入太阳灼烤地面的时节，刺眼的阳光让人们无处躲藏。办完事回来的王铭轩向钟楼方向走去。大街上的广播里正在播放赴朝慰问团西北分团从朝鲜归来的报告会实况，内容是报告志愿军的英雄事迹，包括杨根思、罗盛教、邱少云、黄继光等战斗英雄和国际共产主义战士。这些英雄人物使王铭轩备受感动，特别是战斗英雄黄继光为了炸毁敌人碉堡，用自己胸膛堵住敌人疯狂发射的枪眼。这种舍生忘死的国际主义战士形象，对王铭轩心灵产生了巨大的震撼和冲击。

王铭轩伫立街头，全然忘记自己是在阳光暴晒下，听完宣讲团的报告，他的心热血沸腾。自古"天下兴亡，匹夫有责"，今天那么多优秀中华儿女在朝鲜战场上浴血奋战抗击美帝侵略者，因为有了他们，我们才有了这和平的生活。我要为他们做些什么，一定！

王铭轩边走边想，不知过了多久来到灞河边，湍急的河水在岸边打着小漩涡快速地向前流去。王铭轩站在古老的灞桥上看着向远方逝去的流水，思绪也如流水般涌向远方……

多灾多难的中华民族啊！1840 年的鸦片战争，让中国走向衰弱，1900 年八国联军用坚船利炮打开了中国大门，《南京条约》《天津条约》《辛丑条约》，多少个不平等条约让中华民族受尽凌辱，水患、旱灾、连年军阀混战的人祸，日本帝国主义铁蹄的践踏，国民党政府的腐败与内战，使中华民族积贫积弱……多少仁人志士在寻找救国救民的真理和道路。康梁变法只是昙花一现，义和团运动也只是农民自发反抗，辛亥革命最终也以失败而告终，蒋介石集团更是盘剥百姓、腐败透顶，只有共产党领导的军队让老百姓翻身解放，从此中华民族、中国人民站立起来。今天美帝国主义对中国全面封锁、全面制裁，又把战火烧到鸭绿江畔，站起来的中国人民绝不屈服！

河水在桥下不停地流淌，他的目光也随着流水向前望去。前面是渭河，再向前就是黄河。是呀，那是我们的母亲河，发源于唐古拉山脉，奔腾在中华大地上，养育我们五千年。他耳畔仿佛又响起了"黄河之滨，聚集着一群中华民族的优秀子孙……"慷慨激昂的旋律，仿佛又看到了汹涌澎湃的黄河巨龙。

夕阳把灞河染成绯红，两岸的绿柳在微风中飘舞。站在桥上的王铭轩此刻做出了一个让他自己一辈子也不会后悔的惊人决定：把自己一生所有积蓄全部捐给全国抗美援朝总会，买飞机、买坦克支持志愿军前方将士。

月光将树影斑驳地洒在窗子上。王铭轩在床上辗转反侧，一向睡眠很好的他，今晚失眠了。他披上大衫，沏了一壶茶坐在椅子上慢慢品味、细细思索……半个世纪的时光像电影般从脑海中掠过，半生艰辛，一世风雨，辛辛苦苦挣下的这份家产将要全部捐献出去，王铭轩陷入沉思。

夜阑人静，万籁无声。王铭轩慢慢转开了保险柜旋钮，一排排金光闪闪的黄金出现在眼前。他细心地数着，一共

200两。这几乎是他几十年商海生涯，也是他九死一生留下来的全部家当。

温馨的夏夜，月光皎洁如水。他推开房门走到庭院，夜来香的花香沁入心脾。这是一个花好月圆之夜，安谧、寂静，人们早已进入温柔的梦乡，谁能想到在遥远的朝鲜战场上志愿军战士正在和美帝侵略者进行血与火的搏斗。没有前方流血牺牲，哪有今夜幸福安宁。战士们在前线流的是血、捐的是命，我，王铭轩，捐的不过是钱，是黄金而已。

这一觉王铭轩睡到日上三竿。午饭后，他径直向位于青年路的中共西北局机关走去。王铭轩找到秘书处，提出自己要向国家、向全国抗美援朝总会捐献200两黄金。秘书听后觉得这是一件大事，立即向西北局组织部部长马文瑞同志汇报。马文瑞曾听汪锋多次提起王铭轩这个人，因此约定第二天亲自约见并接受捐献。回家的路上，王铭轩买了一个木箱和一块红绸子，想着明天体面地、漂漂亮亮地把黄金捐给国家。

晚上当王铭轩再次打开保险柜清点装箱时却发现少了十两，保险柜的密码只有他和夫人马纯慧知道，十两黄金怎会不翼而飞呢？他赶忙找来夫人。

马纯慧说："铭轩，十两黄金是我拿的。咱家就这点家底了，你一下子全捐了，孩子现在还小，以后上学怎么办呢？再有，家中谁有个头疼脑热的，靠啥用度呢？"

王铭轩笑了笑说："我已答应政府，一言既出，驷马难追，咱哪能说话不算数呢？况且现在是新社会，共产党领导，人民当家做主，咱还有什么过不去的火焰山？"

马纯慧虽然觉得丈夫说得在理，但从生计考虑坚持要留下十两黄金。

王铭轩缓缓地坐在夫人身边，把她的手放在自己手里，沉思片刻说道："我们结婚多少年了？1942年到现在9年有余，你不会不了解我吧？我们的相识就是因为中条山抗战我捐了10000块银圆，你受省后援会指派过来采访我，你有文化，是一个知识女性，我们共同积极投身抗战救援工作。你懂的，我这一生奔波劳碌不是为了金钱，更不是为了自己过好日子，我只是不愿意看到社会上还有那么多穷苦人。1929年大旱，陕西死了多少人？到处是饿殍。我从郑州用货款高价买了30石粮食运回白鹿原，挨门挨户分发给饥饿的乡亲。1932年给老家前卫小学修缮房屋捐了1000块银圆。1938年巩村小学孩子们忍着饥饿上学，我捐了4万斤小麦，为了改善巩村小学办学条件我还捐了5000块银圆。1940年蓝田县创办初级中学我又捐了8000块银圆。抗日战争、解放战争我给共产党又捐了多少卡车的药品、粮食、军需物资和银圆？我为了什么，我一生的追求就是希望百姓生活好、孩子受教育、社会清正。今天只有共产党做到了，这不，国家刚解放，美帝国主义又来侵略，我们只有支援国家，国家好了，我们的小家才好。"王铭轩一席话说得夫人两眼泪汪汪。马纯慧看着王铭轩说道："好吧，我听你的。"

第二天，王铭轩起得很早，换了一件新的罗质大褂，坐着洋车，将200两黄金运送到中共西北局。

200两黄金不仅仅是可以兑换成货币的"钱"，更是200发向美帝侵略者怒射的重型炮弹，是翱翔在蓝天和侵略者进行空中决斗的雄鹰——战斗机，是攻击敌人挺在最前面的钢铁大侠——坦克；是亿万中国人民对美帝侵略者的怒吼，是世界上一切爱好和平的人民对非正义侵略战争的痛斥；也是王铭轩对共产党、对祖国、对志愿军的一片赤诚之心。

捐赠会上王铭轩对西北局领导讲，不接受采访，不上新闻，不宣传。西北局领导马文瑞同志表扬他："经营企业不忘爱国，是一个以国家大事为重的爱国企业家。"汪锋同志也称赞他："一心为国，顾全大局，是党外一位受人敬重的爱国、爱民的老朋友。"

不惜千金买宝刀，貂裘换酒也堪豪，一腔热血勤珍重，洒去犹能化碧涛。

这是鉴湖女侠秋瑾的诗。诗中的宝刀指武器，王铭轩的"宝刀"就是飞机坦克、大炮。20世纪50年代初那场抗美援朝战争，王铭轩倾囊捐黄金，爱国的拳拳之心日月可鉴、天地可知。这正如宋代爱国诗人陆游的诗所讲："位卑未敢忘忧国。"

知来路，启新程。我们铭记抗美援朝战争的艰辛历程和伟大胜利，从历史中汲取攻坚克难、勇往直前的坚定信心，雄赳赳、气昂昂，朝着中华民族伟大复兴的光明前景奋勇出征。

后 记

书，终于要出版了。这，对于我来说无疑是件高兴的事；肩头上，感觉轻松很多。对于书中的主人公——长眠地下的王铭轩先生，也是一件幸事，他的不平凡的经历，对党、对国家的贡献，对信仰的笃定，终于可以以文字、以书的形式出现在大众面前，相信九泉之下的王铭轩先生也会感到欣慰的。

书的出版，凝结了许多人的心血。感谢陕西省蓝田县县委书记林梅、县长徐毅、县政协主席吴永平、原县委书记苗志忠，感谢陕西省蓝田县档案局原副局长曾宏根为我提供了王铭轩先生丰富的历史资料，感谢中国旅游出版社张益维副社长和段向民主任的大力支持与帮助。

感谢李晓枫大姐、宋英大姐在写作中给予我的勇气和力量，感谢张志功、朱智生、穆广态、郭晓明、田润民、万武义、潘选民、赵泽琨、杨兆年、甘大孟、邢康、成龙、郑武、孙燕楠、张国平、王薇、向笠、张少军、江山、林薇、王保林、白万省、赵红梅给予我的支持和帮助，感谢众多的朋友们给予我的鼓励，在此一并谢过。

张麒祥

2021 年 7 月于北京

王铭轩生平

王铭轩，原名王德新，1901 年生于陕西省西安市蓝田县巩乡前卫村。

1914 年时年 13 岁，由于家境贫困开始外出学徒。聪明、善良、隐忍、诚实、肯干、爱学使他在前后几家铺子当学徒都有大的收获。

1925 年学徒生涯结束，在西安裕隆庆商号做二掌柜，独当一面做棉花生意。

1926 年远走河南郑州独立创业，其间做粮食生意。

1927 年成立秦豫贸易货栈，开辟河南与陕西省的物流通道。

1928 年融鑫金店在河南洛阳正街开张。

1933 年在西安成立股份制德泰祥钱庄，其间做企业不忘家乡：

1929 年陕西旱灾饿殍遍地，他高价购粮 30 石，由郑州返乡送给饥民。

1933 年回乡探亲修缮前卫小学捐资 1000 块银圆。

1938 年为巩村小学捐献 4 万斤小麦，捐资 5000 块银圆。

1940 年为蓝田县第一所初级中学捐资 8000 块银圆。

西安灞桥区高桥镇有一条路人称"八里坡"年久失修，为此捐资 1000 块银圆。

1936 年西安事变后认识汪锋，从此与中国共产党结缘。在抗日战争、解放战争中，给艰难中的陕甘宁边区革命根据地送去大量的粮食、药品及各种所需物资和大量银圆。多次冒生命危险突破敌人封锁线，安全、及时地将物资运到根据地。在白色恐怖下，多次与汪锋及我党联络员秘密接头，像我党地下交通员一样，接受任务，完成任务。

解放后在汪锋的鼓励下，成立和合面粉厂、华兴面粉厂、建国化学制药厂、新华石棉建材厂，开办医院，以实际行动支持国家经济建设。

1951 年在抗美援朝战争中，将自己仅存的 200 两黄金全部捐献给国家，支援前方志愿军将士。

1953 年 7 月将个人的面粉厂、石棉建材厂、制药厂和一所医院全部无偿捐献给国家。

同年 10 月，应汪锋和西北局领导之邀来北京开办"清真西安食堂"。

1977 年病逝。

王铭轩与妻子马纯慧

第一排：王国镇

第二排：王国燕（左）、马纯慧（右）

第三排：王国宪（左）、王国胜（右）

第四排：王国强